Paul Schrott / Wolfram Steininger

CAPITo

Schulgrammatik für das Fach Latein

Vandenhoeck & Ruprecht

Bibliografische Information der Deutschen Nationalbibliothek:
Die Deutsche Nationalbibliothek verzeichnet diese Publikation in der
Deutschen Nationalbibliografie; detaillierte bibliografische Daten sind
im Internet über http://dnb.de abrufbar.

© 2019, Vandenhoeck & Ruprecht GmbH & Co. KG, Theaterstraße 13, D-37073 Göttingen
Alle Rechte vorbehalten. Das Werk und seine Teile sind urheberrechtlich
geschützt. Jede Verwertung in anderen als den gesetzlich zugelassenen Fällen
bedarf der vorherigen schriftlichen Einwilligung des Verlages.

Umschlagabbildung: Daniel Stieglitz

Illustrationen: Ulrike Bahl
Redaktion: Carina Weigert
Satz: SchwabScantechnik, Göttingen
Druck und Bindung: ⊕ Hubert & Co. BuchPartner, Göttingen
Printed in the EU

Vandenhoeck & Ruprecht Verlage | www.vandenhoeck-ruprecht-verlage.com

ISBN 978-3-525-71741-7

Inhalt

Vorwort	7
Die lateinische Sprache (§ 1 – § 3)	8
Das Satzmodell (§ 4)	12
Grundlagen des lateinischen Satzes (§ 5 – § 53)	13
Verben (§ 5 – § 27)	14
Grundsätzliches (§ 5 – § 7)	14
Stämme und ihre Formen (§ 8 – § 19)	18
Das Verb als Prädikat (§ 20 – § 25)	33
Nominalformen und infinite Verbformen im Überblick (§ 26)	41
Die lateinischen Zeiten und ihre Verwendung (§ 27)	42
Nomina (§ 28 – § 53)	45
Substantive (§ 28 – § 35)	45
Adjektive (§ 36 – § 44)	53
Pronomina (§ 45 – § 53)	61
Ähnlichkeiten zwischen dem Lateinischen und dem Deutschen (§ 54 – § 110)	73
Der einfache Satz (§ 54 – § 55)	74
Die einzelnen Kasus und ihre Verwendung (§ 56 – § 85)	77
Der Nominativ [und der Vokativ] (§ 56 – § 58)	77
Der Akkusativ (§ 59 – § 63)	79
Der Dativ (§ 64 – § 68)	81
Der Genitiv (§ 69 – § 74)	85
Der Ablativ (§ 75 – § 85)	89
Weitere Ergänzungen zum einfachen Satz (§ 86 – § 88)	95
Verknüpfungen im Text (§ 89 – § 90)	100
Nebensätze im Lateinischen (§ 91 – § 110)	102
Grundsätzliche Überlegungen (§ 91 – § 92)	102
Relativsätze im Lateinischen (§ 93 – § 97)	103
Abhängige Aussagesätze als Subjekt und Objekt (§ 98 – § 100)	109
Adverbialsätze (§ 101 – § 110)	112
Unterschiede zwischen dem Lateinischen und dem Deutschen (§ 111 – § 137)	123
Partizipialkonstruktionen (§ 111 – § 119)	124
Das verbundene Partizip (Participium coniunctum) (§ 111 – § 116)	124
Der Ablativus absolutus (§ 117 – § 119)	129
Infinitivkonstruktionen (§ 120 – § 127)	131
Gerundium und Gerundiv (§ 128 – § 135)	139
Oratio obliqua – die indirekte Rede im Lateinischen (§ 136 – § 137)	144
Anhang (§ 138 – § 150)	147
Stilmittel – Metrik – Zahlen, Daten, Maße	
Register	164

Vorwort

Liebe Schülerin, lieber Schüler,

der antike Superheld Herkules bewältigte die ihm gestellten Aufgaben mit Mut, Kraft, Ausdauer und natürlich mit Köpfchen! So gelangte er *per aspera ad astra* – durch die Härten zu den Sternen – und wurde schließlich in den Olymp aufgenommen.

Auch Du hast ein anspruchsvolles Ziel – Du willst Latein, die Sprache der Römer, lernen – eine Weltsprache der Antike und eine Basissprache der europäischen Kultur. Wir Autoren hoffen, dass Dir CAPITo auf Deiner Mission gute Dienste leistet.

CAPITo – Du sollst nehmen! ist nicht nur der Titel dieser Schulgrammatik, sondern zugleich die Aufforderung an Dich, regelmäßig mit ihr zu arbeiten. Dabei ist es kein Zufall, dass der Titel einer Verbform entspricht. CAPITo basiert nämlich auf einem klaren Satzmodell, das Latein vom Prädikat als Basis des einfachen Satzes her denkt: Prädikat – Subjekt (– Objekt), kurz: PSO!

Um die Bedeutung der Formenlehre zu betonen, haben wir sie an den Anfang dieser Grammatik gestellt, doch verzichtet CAPITo bewusst auf lange Auflistungen von unregelmäßigen Formen. Wir haben uns das Ziel gesteckt, Dir auf wenigen Seiten einen sicheren Zugang zur lateinischen Sprache zu ermöglichen. Dazu erläutern wir die wichtigsten Phänomene und zeigen Dir, wie Du richtig »mit System« übersetzt – natürlich hat auch Herkules einige gute Tipps für Dich.

Inhaltlich greift CAPITo nämlich zahlreiche Taten dieses antiken Superhelden auf. Die Beispielsätze sind auf das Wesentliche reduziert, um das jeweilige Phänomen möglichst isoliert zu behandeln und Dir so das Verständnis zu erleichtern.

Bei der Satzlehre geht CAPITo vom einfachen Satz aus und arbeitet sich langsam zu den schwierigeren Satzkonstruktionen vor. Dabei werden zunächst die Strukturen behandelt, in denen das Deutsche und das Lateinische – aufgrund ihrer Verwandtschaft – Berührungspunkte aufweisen. So erfährst Du begleitend zum Erlernen der lateinischen Grammatik auch einiges über die deutsche Sprache. Erst dann folgen die »typisch lateinischen« Konstruktionen wie der AcI, das verbundene Partizip oder der Ablativus absolutus.

Durch die einfache Erklärung kannst Du die Grammatik bereits ab dem Anfangsunterricht nutzen. Wir hoffen, dass Du viele anregende Momente mit diesem Buch erlebst und – es gerne zur Hand »nimmst«.

Die Autoren

Die lateinische Sprache

§ 1 Latein als indogermanische Sprache

Latein ist die Sprache, um sich Europa oder gar die Welt zu erschließen. Denn wenn man in Europa mit offenen Augen und Ohren unterwegs ist, wird einem schnell klar, dass Latein die gemeinsame Basis für viele Sprachen ist:

Lateinisch	Italienisch	Spanisch	Französisch	Portugiesisch	Rumänisch
vinum	vino	vino	vin	vinho	vin
amicus	amico	amigo	ami	amigo	amic

Das Lateinische ist die »Mutter« (lat. *mater*) dieser sog. **romanischen Sprachen**: Italienisch, Spanisch, Französisch, Portugiesisch, Rumänisch.

Weiterhin werden auch immer große Übereinstimmungen z. B. zwischen dem Lateinischen, Deutschen und Englischen auffallen. Der Grund dafür ist, dass all diese Sprachen eine gemeinsame indogermanische Ausgangsbasis haben. Deshalb haben wir z. B. im Englischen und Deutschen einen gemeinsamen Grundstock von sog. **Erbwörtern**.

Lateinisch	Englisch	Deutsch
mater	mother	Mutter
pater	father	Vater
vinum	wine	Wein

Aufgrund der territorialen Größe und wegen der in vielen Bereichen hoch entwickelten Kultur hatte das Imperium Romanum großen Einfluss auf die beherrschten Gebiete. Deshalb übernahmen z. B. die Germanen schon früh kulturelle Neuerungen oder Begriffe aus der Architektur und bauten mit *Ziegeln* (< lat. *tegula*) Häuser mit *Fenstern* (< lat. *fenestra*). Auch später noch wurden lateinische Wörter »eingedeutscht«. So wurde etwa aus dem lateinischen Wort *brac(c)hium* (eigtl. *Unterarm*) eine *Breze(l)* (man vergleiche die Form, die verschränkten Armen ähnelt). Solche Wörter, die lautlich und grammatisch in unser Sprachsystem integriert sind und von vielen Sprechern auch gar nicht mehr als »fremd« erkannt werden, heißen **Lehnwörter**.

Fremdwörter dagegen verraten durch ihren Klang, ihre Schreibung oder durch grammatische Auffälligkeiten die fremde Herkunft: z. B. die Laudatio (die Endung *-tio* ist typisch für Fremdwörter aus dem Lateinischen; vgl. die Aussprache dieser Buchstabenfolge), das Tempus (vgl. Plural: die Tempora).

§ 2 Buchstaben und Betonung

Buchstaben: Schriftzeichen und ihre Aussprache

Im Lateinischen werden alle Wörter mit Ausnahme von Eigennamen (und Satzanfängen) mit Kleinbuchstaben (Minuskeln) geschrieben.

Die meisten **Schriftzeichen** haben die Römer von den Etruskern übernommen. Ergänzt wurde dieses Alphabet durch die griechischen Schriftzeichen Y, Z und X. Dabei wurde das Schriftzeichen X mit dem im westgriechischen Dialekt Süditaliens (Magna Graecia) üblichen Lautwert [ks] integriert.

Besonderheiten:
- Es gibt nur sehr wenige Wörter mit K (das ursprünglich auch aus dem Griechischen stammt); im Wesentlichen beschränkt sich das Vorkommen dieses Buchstabens auf das Wort *Kalendae* und Eigennamen (z. B. *Karthago*).
- Ansonsten wird der Lautwert [k] durch das Schriftzeichen C ausgedrückt.

- Auch bezüglich der Diphthonge AE und OE gibt es unterschiedliche Traditionen in der Aussprache. Klassisch ist die Aussprache als [ai̯] und [oi̯].
  In klassischer Zeit wurde also *Caesar* als [kai̯sar] und *Croesus* als [kroi̯sus] ausgesprochen. Aufgrund nachklassischer Entwicklungen gibt es heute bezüglich dieser Aussprache unterschiedliche Traditionen.
- Bei Abkürzungen in Inschriften begegnet uns häufig der Buchstabe C statt G: C. (für *Gaius*), Cn. (für *Gnaeus*). Das Schriftzeichen C wurde ursprünglich auch für den Lautwert [g] verwendet. Das Schriftzeichen G wurde erst später aus dem C entwickelt.
- Der Buchstabe J wurde erst in nachklassischer Zeit eingeführt. Im klassischen Latein existiert er als Schriftzeichen nicht. Aber als Lautwert existiert er; vgl. z. B. *iam*, *iacere*, *abicere*, *iuvenis*, …
- Das Schriftzeichen V stand ursprünglich sowohl für den Lautwert [u] als auch für den Lautwert [v] (vgl. dt. *Vase*); in Inschriften begegnet uns das heute noch: IVVENIS. Im Mittelalter wurden zur leichteren Unterscheidung V und U auch im Schriftbild unterschieden.
- Ein Schriftzeichen W gibt es im Lateinischen überhaupt nicht. Der entsprechende Lautwert wird durch V ausgedrückt.

Betonung

Für die korrekte Betonung lateinischer Wörter ist die **Quantität** (Sprechdauer) einer Silbe entscheidend. Bei manchen Wörtern kann die Quantität eines Vokals sogar bedeutungsrelevant sein, z. B. *pŏpulus Volk* und *pōpulus Pappel*.

Bei einigen Wörtern haben sich unter dem Einfluss der germanischen Sprachen auch falsche Quantitäten »eingebürgert«; im Folgenden werden einige bekannte Beispiele mit korrekter Quantität des entscheidenden Vokals genannt: *tŏga*, *Nĕro*, *fŏrum*, *ĕgo*.

Die Quantitäten von lateinischen Wörtern findest du im Lexikon. Dort sind die Naturlängen durch einen waagrechten Strich über dem betreffenden Vokal gekennzeichnet; dann weißt du, dass diese Silbe lang zu sprechen ist. Außerdem sind alle Diphthonge lang zu sprechen. Wenn im Lexikon über einem einfachen Vokal kein Strich steht, ist er kurz auszusprechen.

Für die Festlegung der Betonungsstelle gelten folgende Regeln:
- Zweisilbige Wörter werden auf der ersten Silbe betont. Das ist zugleich die vorletzte (lat. paenultima) Silbe; man spricht deshalb von der **Paenultima-Regel**. Dabei spielt es keine Rolle, ob diese Silbe kurz oder lang ist: *mănē bleibe*, *mānē am Morgen*.
- Mehrsilbige Wörter werden auf der vorletzten Silbe betont (Paenultima-Regel), wenn diese lang ist: *Germānī*.
- Mehrsilbige Wörter werden auf der drittletzten (vorvorletzten) Silbe betont, wenn die vorletzte Silbe kurz ist: *Germănia*. Die Betonung kann nicht weiter zurückgezogen werden.

Eine Silbe gilt als lang
- von **Natur** aus: Wenn eine Silbe einen langen Vokal (z. B. *senātus*) oder einen Diphthong enthält (z. B. *amoenus*), so ist sie **naturlang** und der Laut wird lang gesprochen.
- durch **Position** (also durch Festlegung): Wenn auf einen eigentlich kurzen Vokal mindestens zwei Konsonanten (oder auch x, entstanden aus c + s) folgen (z. B. *fenestra*, *complexus*), so wird die Silbe (meist) **positionslang**. Im Falle dieser sog. Positionslänge wird der entsprechende Vokal nicht lang gespochen; die Silbe gilt nur als lang.

Zu Besonderheiten bei der Positionslänge vgl. § 141.

§ 3 Lautgesetze

Lautgesetze sind gewisse lautliche Veränderungen, die nach bestimmten Regeln auftreten. Zu den wichtigsten Lautgesetzen gehören:

Vokale

- **Vokalschwächung**: vgl. *claudere* und *inclūdere*, *facere* und *perficere*.
- **Vokalschwund**: vgl. z. B. *reppuli* (entstanden aus *repepuli*, deshalb auch ein sog. Reduplikationsperfekt, das in der Form *reppuli* nicht mehr direkt zu sehen ist).

Konsonanten

- **Rhotazismus**: Zwischen Vokalen wird altlateinisches s zu r: vgl. *mos* und *moris*, *es* und *eram*.
- **Assimilation**: Ein Konsonant gleicht sich an den vorhergehenden oder folgenden an: z. B. *colloqui* (aus *con-loqui*), *possum* (aus *pot-sum*). Häufig ist dies bei der Kompositabildung zu beobachten (vgl. § 17).
- **Schwund von Konsonanten**: z. B. *sors* (aus *sort-s*, vgl. *sort-is*), *sedecim* (aus *sex-decim*).

Das Satzmodell

§ 4 PSO – Das Satzmodell von CAPITo

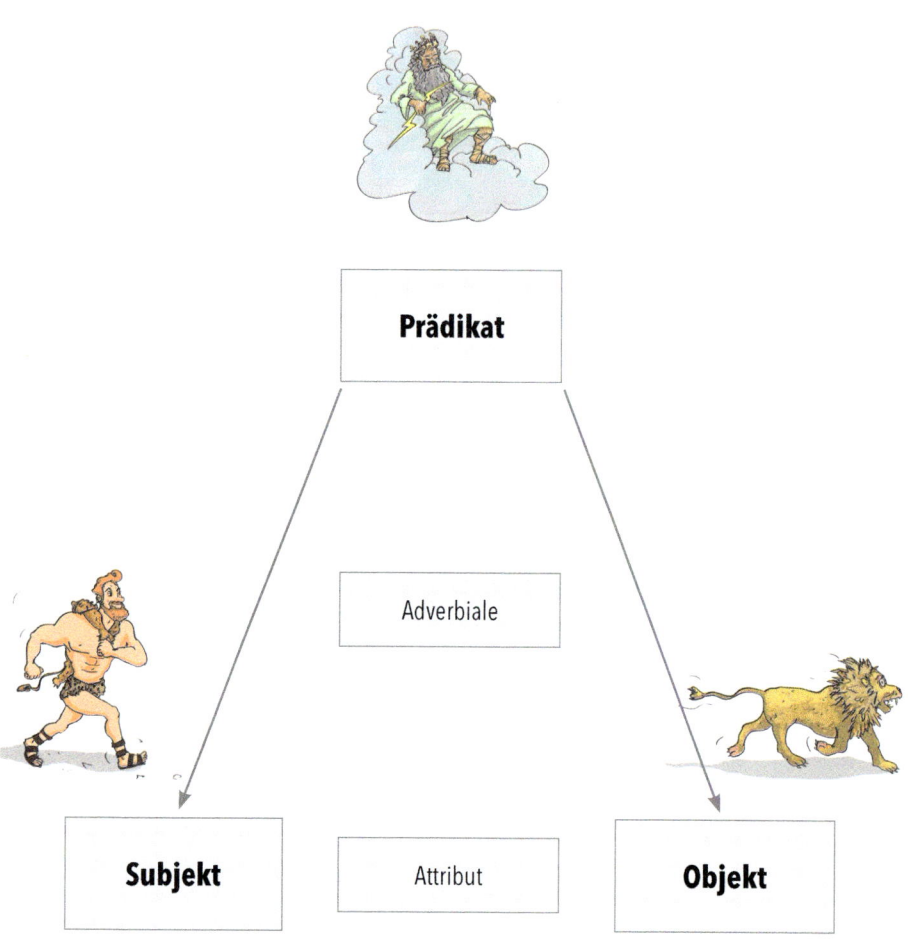

Grundlagen des lateinischen Satzes
(§ 5 – § 53)

Verben (§ 5 – § 27)

Grundsätzliches (§ 5 – § 7)

Bevor die Formenvielfalt des lateinischen Prädikats detailliert vorgestellt wird, ist es nötig, einige grundsätzliche Überlegungen zur Wortart »Verb« anzustellen.

§ 5 Die Unterscheidung finite und infinite Verbformen

Grundsätzlich werden **finite** (bestimmte) und **infinite** (unbestimmte) Verbformen unterschieden.

Eine **finite** Verbform ist »bestimmt« oder »eingegrenzt« (< lat. *finire begrenzen*) nach folgenden fünf Kategorien:

Person	1., 2. und 3. Person
Numerus	Singular und Plural
Modus	Indikativ, Konjunktiv, Imperativ
Tempus	Präsens, Imperfekt (dieses Tempus wird im Dt. auch Präteritum genannt), Perfekt, Plusquamperfekt, Futur I, Futur II
Genus verbi	Aktiv und Passiv

Man spricht auch davon, dass eine finite Verbform konjugiert ist (Subst.: Konjugation).

    capio   1. Person Singular Indikativ Präsens Aktiv
    capiebantur   3. Person Plural Indikativ Imperfekt Passiv
    capti essetis   2. Person Plural Konjunktiv Plusquamperfekt Passiv

Daneben gibt es aber auch **infinite** Verbformen. Bei diesen werden die Person und der Modus nicht bestimmt, sie sind also »unbestimmt« (in-finit).

Zu den infiniten Verbformen gehören der Infinitiv, das Gerundium, das Supin, das Partizip und das Gerundiv.

§ 6 Zur Bildung finiter Verbformen im Lateinischen

Im Deutschen sind finite Verbformen meist aus mehreren Wörtern zusammengesetzt: z. B. *er besiegt, er wird besiegen, er hatte besiegt, er ist besiegt worden*.

Das Lateinische kann im Unterschied zum Deutschen eine Vielzahl von sog. **einfachen** Verbformen bilden. Diese sind nicht aus mehreren einzelnen Wörtern zusammengesetzt, sondern bestehen aus einem einzigen Wort: z. B. *vinco ich besiege*, *vincit er besiegt*, *vincet er wird besiegen*.

Wie die Beispiele zeigen, kann dabei der Verbalstamm gleich bleiben. So unterscheiden sich aber die beiden letzten Verbformen nur in einem einzigen Buchstaben. Du musst daher sehr genau auf jeden einzelnen Buchstaben achten. Das *e* in *vincet* beispielsweise zeigt als sog. Tempuszeichen an, dass es sich um eine Verbform im Futur I handelt. Die Endung *-t* ist bei beiden Verbformen identisch. Sie zeigt an, dass die Verbformen in der 3. Person Singular (Aktiv) stehen.

Neben den einfachen kennt das Lateinische aber auch **zusammengesetzte** Verbformen. Das obige Beispiel *er ist besiegt worden* lautet auf Lateinisch *victus est*. Diese Verbform ist zusammengesetzt aus einem Partizip Perfekt Passiv und einer flektierten Form des Hilfsverbs *esse*.

§ 7 Tempusstämme des Verbs

Du siehst im Folgenden fünf lateinische Verformen:

vincit	er besiegt
vincet	er wird besiegen
vicerat	er hatte besiegt
victus est	er ist besiegt worden
vincitur	er wird besiegt

An diesen Beispielen wird deutlich, dass zwei unterschiedliche »Varianten« des Verbalstamms erscheinen: *vinc-* und *vīc-*.

Grundsätzlich hat ein lateinisches Verb **drei Stämme** (die aber nicht immer unterschiedlich aussehen müssen).
- **Präsensstamm**
- **Perfektstamm**
- **Partizipialstamm**[1]

Von jedem dieser Stämme werden bestimmte Verbformen gebildet:

vom Präsensstamm	Präsens Aktiv und Passiv, Imperfekt Aktiv und Passiv, Futur I Aktiv und Passiv, Partizip Präsens Aktiv (PPA), Infinitiv Präsens Aktiv und Passiv, Gerundium, Gerundiv
vom Perfektstamm	Perfekt Aktiv, Plusquamperfekt Aktiv, Futur II Aktiv, Infinitiv Perfekt Aktiv
vom Partizipialstamm	Perfekt Passiv, Plusquamperfekt Passiv, Futur II Passiv, Partizip Perfekt Passiv (PPP), Partizip Futur Aktiv (PFA), Infinitiv Perfekt Passiv, Infinitiv Futur Aktiv

---

1 Statt »Partizipialstamm« ist auch der Begriff »Supinstamm« gebräuchlich.

Um eine lateinische Verbform korrekt bilden, bestimmen und übersetzen zu können, musst du zunächst diese drei Stammformen kennen. Wenn das betreffende Verb »regelmäßig« ist, stellt dies kein größeres Problem dar. Bei den sog. »unregelmäßigen« Verben musst du aber diese Stammformen ganz gezielt, bewusst und präzise auswendig lernen. Es kommt dabei auf jeden Buchstaben an.

Deine Aufgabe!

Eine vollständige Stammformenreihe besteht aus vier lateinischen Verbformen:

Infinitiv Präsens	Präsensstamm	Perfektstamm	Partizipialstamm
vinc-e-re	**vinc**-o	**vīc**-i	**vic**-tum

1. Der Präsensstamm

Die lateinischen Verben werden insgesamt **vier Konjugationsklassen** (< lat. *coniugatio Verbindung*) zugeordnet. Ausschlaggebend ist dafür der Auslaut des Präsensstamms.

Infinitiv	Präsensstamm	Auslaut des Präsensstamms	Konjugationsklasse
superā-re	superā-	ā	ā-Konjugation
monē-re	monē-	ē	ē-Konjugation
mitt-ĕ-re	mitt-	Konsonant	konsonantische Konjugation[2] **ohne** i-Erweiterung
cap-ĕ-re	cap(ĭ)-	Konsonant oder ĭ	konsonantische Konjugation **mit** i-Erweiterung[3]
audī-re	audī-	ī	ī-Konjugation

Anmerkung zur konsonantischen Konjugation:
Ob ein Verb der konsonantischen Konjugation i-Erweiterung hat oder nicht, erkennt man an der 1. Pers. Sg. Präsens (vgl. *duco* gegenüber *capio*). Auch diese Information erhältst du also aus der gelernten Stammformenreihe.

2. Der Perfektstamm

Man unterscheidet nach der Bildungsweise des Perfektstamms **sechs Perfektarten**.

Perfektart	Beispiele	Hinweise
v-Perfekt	superāre, superāv- audīre, audīv-	Das v-Perfekt bilden die meisten Verben der ā- und ī-Konjugation.
u-Perfekt	monēre, monu-	Das u-Perfekt bilden die meisten Verben der ē-Konjugation.
s-Perfekt	manēre, mans- ducere, dux- (aus ducs-)	Das *s* »verschmilzt« mit einigen Lauten zu einem neuen Laut und ist dann in der Schreibweise nicht mehr »sichtbar«, weiterhin aber »hörbar«.
Dehnungsperfekt	fugere, fūg- facere, fēc- fundere, fūd-	Häufig wird der Stammvokal nicht nur gedehnt, sondern zugleich verändert (hier -a- zu -ē-). Manchmal verschwindet auch ein **Infix** (hier -n-); dieser Schwund führt zu einer Dehnung des vorhergehenden Vokals.
Reduplikationsperfekt	currere, cucurr-	»Reduplikation« meint »Verdoppelung« des Wortanfangs. Die Reduplikation ist meist nur beim **Verbum simplex** realisiert; bei den zugehörigen **Verba composita** fehlt sie in der Regel (Ausnahme z. B. die Komposita von *dare*, *stare*).
Perfekt ohne Stammveränderung	vertere, vert-	Weil Präsens- und Perfektstamm identisch sind, gibt es hier einige Formen, die zugleich Präsens und Perfekt sind (z. B. *vertit*). Deshalb muss man beim Übersetzen den Kontext beachten.

---

2 Statt des Begriffs »konsonantische Konjugation« ist auch der Begriff »3. Konjugation« gebräuchlich.
3 Aufgrund der Überschneidungen zwischen ī-Konjugation und konsonantischer Konjugation sind sowohl die Begriffe »konsonantische Konjugation mit i-Erweiterung« als auch »kurzvokalische i-Konjugation« berechtigterweise gebräuchlich.

3. Der Partizipialstamm

Die jeweils letzte Form in der Stammformenreihe ist das **Partizip Perfekt Passiv** (PPP).

Es wird gebildet, indem an den Verbalstamm *-tus* oder (seltener) *-sus* angehängt wird (z. B. *superatus*, *missus*, *fixus* (!) zu *figere*).

Diese Endung ist deklinierbar nach der a-/o-Deklination. In der Stammformenreihe erscheint das PPP im Neutrum Singular (z. B. *superatum*).

Hier geht es zunächst lediglich darum, die drei Partizipien und ihre Bildungsweise zu nennen.

Bezeichnung und Abk.	Bildungsweise	Beispiele	Übersetzung
Partizip Perfekt Passiv (PPP)	-tus, -ta, -tum -sus, -sa, -sum	superatus missus	einer, der besiegt worden ist einer, der geschickt worden ist
Partizip Präsens Aktiv (PPA)	-nt- (-ns)[4]	superans, superantis	einer, der besiegt
Partizip Futur Aktiv (PFA)	-turus, -tura, -turum -surus, -sura, -surum	superaturus missurus	einer, der besiegen wird einer, der schicken wird

Alle Partizipien sind deklinierbar und stehen in **KNG-Kongruenz** zu ihrem Bezugswort (vgl. § 88).

Das **PPP** und das **PFA** werden nach der **a-/o-Deklination** flektiert.

Das **PPA** wird mit Ausnahme des Ablativs Singular nach der **i-Deklination** flektiert.

Stämme und ihre Formen (§ 8 – § 19)

§ 8 Der Präsensstamm und seine Formen

Vom **Präsensstamm** ausgehend werden drei Tempora gebildet: das **Präsens**, das **Imperfekt** und das **Futur I**, jeweils **Aktiv** und **Passiv**.

1. Personalendungen

a) Aktiv

»Willst du Person, Numerus und Genus verbi seh'n, musst du bis ans Ende geh'n.«

---

4   Im Nominativ Singular des PPA verschmilzt der Stammauslaut -nt- mit der Endung -s: -ns < **-nts**.

Die folgende Tabelle gibt eine Übersicht über die **Personalendungen**, die im **Aktiv** (< lat. *agere, ago, egi,* **actum** *handeln*) an die Präsensstämme bzw. an die Tempus- und Moduszeichen treten. Diese Endungen sind für alle Konjugationsklassen identisch:

	Personalendungen des Präsensstamms im Aktiv	
	Indikativ und Konjunktiv	
	Sg.	Pl.
1. Pers.	-ō/-m	-mus
2. Pers.	-s	-tis
3. Pers.	-t	-nt

In der konsonantischen Konjugation tritt, wenn die Endung mit einem Konsonanten beginnt, ein sog. **Bindevokal** zwischen den Präsensstamm und die Endung: *-e-, -i-* oder *-u-*.

Im Folgenden siehst du anhand einiger Beispiele, wie aktive lateinische Verbformen gebildet werden. Die Personalendungen sind hervorgehoben. Die systematische Zusammenstellung zu allen Konjugationen findest du in den Deckelinnenseiten dieser Grammatik.

mitt-ō	*ich schicke*	capi-mus	*wir ergreifen*
superā-s	*du besiegst*	monē-tis	*ihr ermahnt*
audi-t	*er/sie/es hört*	mitt-u-nt	*sie schicken*

Der Imperativ I weist im Singular in der Regel den reinen Wortstamm auf, wohl um mit dieser kurzen Form die größtmögliche Prägnanz für den Befehl zu erhalten. Alle Verben der konsonantischen Konjugation erweitern den Wortstamm durch ein *e* (Ausnahmen: *dic, duc, fac, fer*). Im Plural (Endung *-te*) bleibt in der konsonantischen Konjugation der Bindevokal vor der Endung erhalten.

Der Imperativ II hat im Singular die Endungen *-tō* (2. Pers., *du sollst* …) und *-tō* (3. Pers., *er/sie/es soll* …) sowie im Plural *-tōte* (2. Pers., *ihr sollt* …) und *-ntō* (3. Pers., *sie sollen* …).

b) Passiv (bzw. Deponens)

Die folgende Tabelle gibt eine Übersicht über die Personalendungen, die im **Passiv** (< lat. *pati, patior,* **passus** *sum leiden*) bzw. **Deponens** an die Präsensstämme bzw. an die Tempus- und Moduszeichen treten. Diese Endungen sind für alle Konjugationsklassen identisch:

	Personalendungen des Präsensstamms im Passiv (bzw. Deponens)	
	Indikativ und Konjunktiv	
	Sg.	Pl.
1. Pers.	-(o)r	-mur
2. Pers.	-ris	-minī
3. Pers.	-tur	-ntur

Auch im Passiv (bzw. Deponens) tritt in der konsonantischen Konjugation, wenn die Endung mit einem Konsonanten beginnt, der sog. **Bindevokal** zwischen den Präsensstamm und die Endung: *-e-*, *-i-* oder *-u-*.

Im Folgenden siehst du anhand einiger Beispiele, wie passive lateinische Verbformen gebildet werden. Die Personalendungen sind hervorgehoben. Die systematische Zusammenstellung zu allen Konjugationen findest du in den Deckelinnenseiten dieser Grammatik.

mitt-**or**	*ich werde geschickt*	capi-**mur**	*wir werden ergriffen*
superā-**ris**	*du wirst besiegt*	monē-**minī**	*ihr werdet ermahnt*
audī-**tur**	*er/sie/es wird gehört*	mitt-*u*-**ntur**	*sie werden geschickt*

Imperativformen sind im Passiv ungebräuchlich, bei Deponentien werden sie (wegen der aktiven Bedeutung) aber durchaus verwendet.

Der Imperativ I hat im Singular die Endung *-re* bzw. im Plural die Endung *-minī*.
Der Imperativ II hat im Singular die Endungen *-tor* (2. Pers., *du sollst …*) und *-tor* (3. Pers., *er/sie/es soll …*) sowie im Plural *-ntor* (3. Pers., *sie sollen …*).

2. Tempus- und Moduszeichen

Vor den Personalendungen stehen die folgenden **Tempus-** und **Moduszeichen**:

	Tempus- und Moduszeichen des Präsensstamms		
Tempus	Konjugationsklasse	Indikativ	Konjunktiv
Präsens	ā	–	-ē-
	ē, ī bzw. konsonantisch	–	-ā-
Imperfekt	ā und ē	-bā-	-rē-
	ī und konsonantisch	-ēbā-	-rē- bzw. -erē-
Futur I	ā und ē	-b- (-bi-, -bu-, -be-)	
	ī und konsonantisch	-ē- (1. Pers. Sg.: -a-)	

Im Folgenden siehst du einige lateinische Verbformen unterschiedlicher Tempora. Die Tempuszeichen sind hervorgehoben. Die systematische Zusammenstellung zu allen Konjugationen findest du in den Deckelinnenseiten dieser Grammatik.

mitt-*a*-m	*ich werde schicken*	capi-*ēbā*-mur	*wir wurden ergriffen*
superā-*bā*-ris	*du wurdest besiegst*	monē-*bi*-tis	*ihr werdet ermahnen*
audi-*ēba*-t	*er/sie/es hörte*	mitt-*e*-ntur	*sie werden geschickt werden*

§ 9 Der Perfektstamm und seine Formen

Vom **Perfektstamm** ausgehend werden drei Tempora gebildet: das **Perfekt Aktiv**, das **Plusquamperfekt Aktiv** und das **Futur II Aktiv**.

Besonders einprägen musst du dir den Indikativ Perfekt Aktiv, der teils ungewöhnliche Endungen aufweist. Alle weiteren Tempora und Modi folgen einem sehr regelmäßigen Schema mit den üblichen Personalendungen.

	Personalendungen des Indikativs Perfekt Aktiv	
	Sg.	Pl.
1. Pers.	-ī	-imus
2. Pers.	-istī	-istis
3. Pers.	-it	-ērunt

	Tempus- und Moduszeichen des Perfektstamms im Aktiv		
Tempus	Perfektstamm	Indikativ	Konjunktiv
Perfekt	v- u-	–	-eri-
Plqpf.	s- Dehnung	-era-	-isse-
Futur II	Reduplikation ohne Stammveränderung	-eri-	

Im Folgenden siehst du einige lateinische Verbformen des aktiven Perfektstamms. Die Tempus- und Moduszeichen sind mit blauer Farbe hervorgehoben. Die systematische Zusammenstellung zu allen Konjugationen findest du in den Deckelinnenseiten dieser Grammatik.

| mīs-ī | ich habe geschickt | audīv-isse-t | er/sie/es hätte gehört |
| superāv-erā-s | du hattest besiegt | cēp-eri-nt | sie werden ergriffen haben |

§ 10 Der Partizipialstamm und seine Formen

Vom **Partizipialstamm** ausgehend werden drei Tempora gebildet: das **Perfekt Passiv**, das **Plusquamperfekt Passiv** und das **Futur II Passiv**.

Diese Formen sind im Lateinischen zweiteilig: Sie werden gebildet aus dem Partizip Perfekt Passiv und einer Form von *esse*. Die Endung des im Nominativ stehenden Partizips richtet sich dabei im Numerus nach der Form von *esse* und im Genus nach dem (zugrundeliegenden) Bezugswort.

Im Folgenden siehst du einige lateinische Verbformen des passiven Perfektstamms. Die systematische Zusammenstellung zu allen Konjugationen findest du in den Deckelinnenseiten dieser Grammatik.

missus sum	ich bin geschickt worden (maskulin!)
superātī sumus	wir sind besiegt worden (maskulin!)
captae erant	sie waren gefangen worden (feminin!)
audītum erit	es wird gehört worden sein (neutrum!)

§ 11 Deponentien

1. Wesen und Formen der Deponentien

Deponentien (< lat. ***deponere*** *ablegen*) sind Verben, die ihren **Formen** nach **passiv** sind. Ihre **Bedeutung** ist aber **aktiv**. Man könnte also sagen, dass sie ihre aktiven lateinischen Formen »abgelegt« haben.

Daher ist es nicht möglich, die Deponentien in passiver Bedeutung zu gebrauchen. Wenn der Inhalt eines Textes die passive Bedeutung erfordern würde, müsste ein anderes, aktives Verb gewählt werden, das sich ins Passiv setzen lässt.

Die Formen werden mit den üblichen Tempus- und Moduszeichen gebildet, z. B.:

sequuntur	*sie folgen*
hortābor	*ich werde ermahnen*
passī erātis	*ihr hattet erduldet*

2. Besonderheiten der Deponentien

Das Partizip Perfekt (»Passiv«) hat entsprechend dem Wesen der Deponentien aktive Bedeutung.

hortātus, -a, -um	*einer, der ermahnt hat*

Auch wenn die Deponentien normalerweise nur passive Formen haben, so werden das Partizip Präsens, das Partizip Futur und das Gerundium dennoch formgleich zu den aktiven Verben gebildet.

hortāns, -ntis	*einer, der (er)mahnt; mahnend*
hortātūrus, -a, -um	*einer, der (er)mahnen wird/will*
hortando	*durch die Ermahnung*

Das Gerundiv hat auch bei den Deponentien passive Bedeutung:

hortandus, -a, -um	*einer, der ermahnt werden muss*

§ 12 Semideponentien

Semideponentien (»Halb-Deponentien«) sind wenige Verben, die entweder die Formen im Präsensstamm oder die Formen im »Perfektstamm« nach dem Muster der Deponentien bilden.

Die Gruppe dieser besonderen Verben prägst du dir am besten durch genaues Lernen der Stammformen ein:

aktive Formen im Präsensstamm		passive Formen im »Perfektstamm«	
audēre	audeō	ausus sum	wagen
gaudēre	gaudeō	gavīsus sum	sich freuen
solēre	soleō	solitus sum	gewohnt sein, pflegen
cōnfīdere	cōnfīdō	cōnfīsus sum	vertrauen

Hercules aprum persequi **audet**.
*Herkules **wagt es**, den Eber zu verfolgen.*

aber:

Hercules aprum persequi **ausus est**.
*Herkules **wagte es**, den Eber zu verfolgen.*

Nach dem umgekehrten Muster bildet das Semideponens *revertī* seine Formen so:

passive Formen im Präsensstamm		aktive Formen im Perfektstamm	
revertī	revertor	revertī[5]	zurückkehren

Besondere Verben

Die meisten lateinischen Verben lassen sich einer der vier Konjugationsklassen (vgl. § 7) zuordnen. Daneben gibt es aber einige Verben, die sich nicht in dieses System einfügen. Sie sind zwar zahlenmäßig recht überschaubar, das darf aber nicht darüber hinwegtäuschen, dass sie sehr häufig vorkommen.

Außerdem sind sie tendenziell recht unregelmäßig und müssen deshalb in eigenen Tabellen sehr genau gelernt werden.

Auch im Deutschen weisen viele dieser »kleinen« Verben Besonderheiten auf, wie z. B. die Unregelmäßigkeit des dt. Hilfsverbs »sein«: *sein, ich bin, er/sie/es ist, sie sind, ich war, ich bin gewesen.*

---

5 Zu **reverti** gibt es auch ein »PPP«: **reversus**: *zurückgekehrt.*

§ 13 *esse* sein und *posse* können

Der Präsensstamm von *esse*

		Indikativ		Konjunktiv	
		Sg.	Pl.	Sg.	Pl.
Präsens	1. Pers.	sum	sumus	sim	sīmus
	2. Pers.	es	estis	sīs	sītis
	3. Pers.	est	sunt	sit	sint
Impf.	1. Pers.	eram	erāmus	essem	essēmus
	2. Pers.	erās	erātis	essēs	essētis
	3. Pers.	erat	erant	esset	essent
Futur I	1. Pers.	erō	erimus		
	2. Pers.	eris	eritis		
	3. Pers.	erit	erunt		

Die Imperative von *esse*

	Sg.	Pl.
Imperativ I	es	este
Imperativ II	estō	estōte
	estō	suntō

Der Perfektstamm von *esse*

		Indikativ		Konjunktiv	
		Sg.	Pl.	Sg.	Pl.
Perfekt	1. Pers.	fuī	fuimus	fuerim	fuerimus
	2. Pers.	fuistī	fuistis	fueris	fueritis
	3. Pers.	fuit	fuērunt	fuerit	fuerint
Plqpf.	1. Pers.	fueram	fuerāmus	fuissem	fuissēmus
	2. Pers.	fuerās	fuerātis	fuissēs	fuissētis
	3. Pers.	fuerat	fuerant	fuisset	fuissent
Futur II	1. Pers.	fuerō	fuerimus		
	2. Pers.	fueris	fueritis		
	3. Pers.	fuerit	fuerint		

Nominalformen von esse

	Infinitiv	Partizip
Präsens	esse	Das Partizip ist nur bei den folgenden Komposita gebräuchlich: **absēns, absentis** **praesēns, praesentis**
Perfekt	fuisse	–
Futur	futūrum esse oder **fore**[6]	futūrus, -a, -um

Die wichtigsten Komposita von esse

abesse	absum	āfuī	abwesend sein, entfernt sein, fehlen
adesse	adsum	affuī	anwesend sein, da sein, helfen
dēesse	dēsum	dēfuī	abwesend sein, fehlen
inesse	insum	–	darin sein
interesse	intersum	interfuī	dazwischen sein, teilnehmen
praeesse	praesum	praefuī	an der Spitze stehen, befehligen, leiten
superesse	supersum	superfuī	übrig sein, überleben

Das Kompositum posse

Das Verb *posse* ist aus *pot(is)* bzw. *pot(e)* und *esse* zusammengesetzt. In der Form *possum* liegt somit eine Assimilation aus *pot-sum* vor.

Präsens	Ind.	**possum**, potes, potest, **possumus**, potestis, **possunt**
	Konj.	**possim, possīs, possit**, …
	Inf.	posse
Impf.	Ind.	poteram, poterās, poterat, …
	Konj.	**possem, possēs, posset**, …
Futur I	Ind.	poterō, poteris, poterit, …
Perfekt	Ind.	potuī, potuistī, potuit, …
	Konj.	potuerim, potueris, potuerit, …
	Inf.	potuisse
Plqpf.	Ind.	potueram, potuerās, potuerat, …
	Konj.	potuissem, potuissēs, potuisset, …
Futur II	Ind.	potuero, potueris, potuerit, …

---

6 Mögliche Formen des Infinitivs Futur sind: *futurum, -am, -um, -os, -as, -a esse*. Die unveränderliche Kurzform *fore* kann sämtliche im Vorsatz genannten Formen ersetzen.

§ 14 *fieri* (gemacht) werden, entstehen, geschehen

Das Verb *fieri* dient auch als Passiv zu *facere*. Der Präsensstamm bildet eigene Formen (s. Tabelle), die Formen des Perfektstamms werden mit Hilfe des PPP des Verbs *facere* gebildet und müssen deshalb hier nicht aufgeführt werden, z. B. *factus sum, factus eram, …*

Der Präsensstamm von **fierī**

		Indikativ		Konjunktiv	
		Sg.	Pl.	Sg.	Pl.
Präsens	1. Pers.	fīō	fīmus	fīam	fīāmus
	2. Pers.	fīs	fītis	fīās	fīātis
	3. Pers.	fit	fīunt	fīat	fīant
Impf.	1. Pers.	fīēbam	fīēbāmus	fierem	fierēmus
	2. Pers.	fīēbās	fīēbātis	fierēs	fierētis
	3. Pers.	fīēbat	fīēbant	fieret	fierent
Futur I	1. Pers.	fīam	fīēmus		
	2. Pers.	fīēs	fīētis		
	3. Pers.	fīet	fīent		

§ 15 *īre* gehen

Der Präsensstamm von **īre**

Der Präsensstamm *ī-* erscheint vor den Vokalen a, o, u als *e-*, vor Konsonanten als *i-* bzw. als *ī-*.

		Indikativ		Konjunktiv	
		Sg.	Pl.	Sg.	Pl.
Präsens	1. Pers.	eō	īmus	eam	eāmus
	2. Pers.	īs	ītis	eās	eātis
	3. Pers.	it	eunt	eat	eant

Imperfekt	ībam, ībās, ībat, …	īrem, īrēs, īret, …
Futur I	ībō, ībis, ībit, …	

Der Perfektstamm von *īre*

Der Perfektstamm *i-* verschmilzt ggf. mit dem i der Endung vor s zu *ī-*.

<table>
<tr><td rowspan="4">Perfekt</td><td></td><td colspan="2">Indikativ</td><td colspan="2">Konjunktiv</td></tr>
<tr><td></td><td>Sg.</td><td>Pl.</td><td>Sg.</td><td>Pl.</td></tr>
<tr><td>1. Pers.</td><td>iī</td><td>iimus</td><td>ierim</td><td>ierimus</td></tr>
<tr><td>2. Pers.</td><td>īstī (< i-isti)</td><td>īstis (< i-istis)</td><td>ieris</td><td>ieritis</td></tr>
<tr><td>3. Pers.</td><td>iit</td><td>iērunt</td><td>ierit</td><td>ierint</td></tr>
</table>

Plqpf.	ieram, ierās, ierat, …	īssem, īssēs, īsset, …

Futur II	ierō, ieris, ierit, …

Die Imperative von *īre*

	Sg.	Pl.
Imperativ I	ī	īte
Imperativ II	ītō ītō	ītōte **euntō**

Nominalformen von *īre*

	Infinitiv	Partizip	nd-Formen
Präsens	īre	iēns, **euntis**	**eundi**, …; **eundum** (est)
Perfekt	īsse	itum	
Futur	itūrum, -am, -um esse	itūrus, -a, -um	

Die wichtigsten Komposita von *īre*

abīre	*weggehen*
adīre	*herangehen, herantreten, bitten*
exīre	*herausgehen*
inīre	*hineingehen, beginnen*
interīre	*untergehen, umkommen*
perīre	*zugrunde gehen, umkommen*
praeterīre	*vorübergehen, übergehen, vorbeigehen*
redīre	*zurückgehen, zurückkehren*
subīre	*herangehen, auf sich nehmen, unternehmen*
transīre	*hinübergehen, überschreiten*

Passive Formen kommen aufgrund der Wortbedeutung nur in der
3. Pers. Sg. vor, z. B.:

ītur	man geht
itum est	man ist gegangen
eundum est	man muss gehen

Als Passiv zu *vendere verkaufen* dient **vēn-īre** *verkauft werden* (eigtl. *zum Verkauf gehen*).

Nur wenige Formen bilden *quīre können* und *nequīre nicht können*, z. B.:

(ne)queō	ich kann (nicht)
nequit	er kann nicht
nequeunt	sie können nicht
(ne)quīvī	ich habe (nicht) gekonnt

§ 16 *velle* wollen

velle, volō, voluī	wollen
nōlle, nōlō, nōluī[7]	nicht wollen
mālle, mālō, māluī[8]	lieber wollen

Der Präsensstamm von *velle*, *nōlle* und *mālle*

		Indikativ			Konjunktiv		
		velle	nōlle	mālle	velle	nōlle	mālle
Präsens	1. Pers.	volō	nōlō	mālō	velim	nōlim	mālim
	2. Pers.	**vīs**	**nōn vīs**	**māvīs**	velīs	nōlīs	mālīs
	3. Pers.	**vult**	**nōn vult**	**māvult**	velit	nōlit	mālit
	1. Pers.	volumus	nōlumus	mālumus	velīmus	nōlīmus	mālīmus
	2. Pers.	**vultis**	**nōn vultis**	**māvultis**	velītis	nōlītis	mālītis
	3. Pers.	volunt	nōlunt	mālunt	velint	nōlint	mālint
Impf.	1. Pers.	volēbam	nōlēbam	mālēbam	vellem	nōllem	māllem
	2. Pers.	volēbās	nōlēbās	mālēbās	vellēs	nōllēs	māllēs
	…	…	…	…	…	…	…
Futur I	1. Pers.	volam	nōlam	mālam			
	2. Pers.	volēs	nōlēs	mālēs			
	…	…	…	…			

---

7 Die Form *nōlō* ist aus *ne-volō* zusammengezogen.
8 Die Form *mālō* ist aus *magis/mage* und *volō* zusammengezogen.

Der Perfektstamm von *velle*, *nōlle* und *mālle*

Der Perfektstamm bildet regelmäßige u-Perfekte:

volu-	z. B. voluī, voluistī, …; voluisse
nōlu-	z. B. nōluī, nōluistī, …; nōluisse
mālu-	z. B. māluī, māluistī, …; māluisse

Der Imperativ von *nōlle*

Einen Imperativ bildet nur *nōlle*:

Sg.	Pl.
nōlī	nōlīte

Die Formen *noli* und *nolite* dienen der **Verneinung des Imperativs** (vgl. § 25).

Eurystheus: »Noli mihi resistere, Hercules!«
Eurystheus sagt: »Leiste mir keinen Widerstand, Herkules!«
(eigtl. »Habe nicht den Willen, mir Widerstand zu leisten, Herkules!«)

Nominalformen von *velle*, *nōlle* und *mālle*

Infinitiv			Partizip		
velle	nōlle	mālle	volēns, -entis	nōlēns, -ntis	–

§ 17 *ferre* tragen, ertragen

Der Präsensstamm von *ferre*

Im Präsensstamm steht in der Regel ein Bindevokal, aber bei einigen Formen unterbleibt der Bindevokal: *fers*, *fert*, *fertis*, *ferris*, *fertur*.

		Aktiv		Passiv	
		Indikativ	Konjunktiv	Indikativ	Konjunktiv
Präsens	1. Pers.	ferō	feram	feror	ferar
	2. Pers.	**fers**	ferās	**ferris**	ferāris
	3. Pers.	**fert**	ferat	**fertur**	ferātur
	1. Pers.	ferimus	ferāmus	ferimur	ferāmur
	2. Pers.	**fertis**	ferātis	feriminī	ferāminī
	3. Pers.	ferunt	ferant	feruntur	ferantur

		Aktiv		Passiv	
		Indikativ	Konjunktiv	Indikativ	Konjunktiv
Impf.	1. Pers.	ferēbam	ferrem	ferēbar	ferrer
	2. Pers.	ferēbās	ferrēs	ferēbāris	ferrēris
	…	…	…	…	…

		Indikativ Aktiv	Indikativ Passiv
Futur I	1. Pers.	feram	ferar
	2. Pers.	ferēs	ferēris
	…	…	…

Der Perfektstamm von *ferre*

		Aktiv		Passiv	
		Indikativ	Konjunktiv	Indikativ	Konjunktiv
Perfekt	1. Pers.	**tulī**	tulerim	**lātus**, -a, -um **sum**	lātus, -a, -um sim
	2. Pers.	tulistī	tuleris	lātus, -a, -um es	lātus, -a, -um sīs
	3. Pers.	…	…	…	…
Plqpf.	1. Pers.	tuleram	tulissem	lātus, -a, -um eram	lātus, -a, -um essem
	2. Pers.	tulerās	tulissēs	lātus, -a, -um erās	lātus, -a, -um essēs
	…	…	…	…	…

		Indikativ Aktiv	Indikativ Passiv
Futur II	1. Pers.	tulerō	lātus, -a, -um erō
	2. Pers.	tuleris	lātus, -a, -um eris
	…	…	…

Der Imperativ I von *ferre*

	Sg.	Pl.
Imperativ I	fer	ferte

Nominalformen von *ferre*

	Infinitiv Aktiv	Infinitiv Passiv	Partizip	nd-Formen
Präsens	ferre	ferrī	ferēns, -entis	ferendi, … ferendus, -a, -um
Perfekt	tulisse	lātum, -am, -um esse	lātus, -a, -um	
Futur	lātūrum, -am, -um esse	lātum īrī	lātūrus, -a, -um	

Die wichtigsten Komposita von **ferre**

Anhand von *ferre* lässt sich grundsätzlich die **Kompositabildung** (< lat. *componere, compono, composui,* **compositum** *zusammensetzen*) mit **Präfix** (Vorsilbe) gut veranschaulichen. Neben einer wörtlichen Bedeutung finden sich meist auch noch übertragene Bedeutungen.

Präfix	Präfix-bedeutung	Stammformen der Komposita				wörtliche Bedeutung	übertragene Bedeutung
ad-	zu-, hin-, herbei-	afferre	áffero	attulī	allātum	herbeitragen	melden
a(b)-	weg-	auferre	auferō	abstulī	ablātum	wegtragen	rauben
com- (co-, col-, con-)	zusammen-	cōnferre	cōnferō	cōntulī	collātum	zusammentragen	vergleichen
dē-	(von …) weg-	dēferre	dēferō	dētulī	dēlātum	»von (hier) wegtragen«	hintragen, melden
dis-	auseinander-, weg-	differre	differō	distulī	dīlātum	»auseinandertragen«	verschieben, sich unterscheiden
ex-	heraus-, hinaus-	efferre	efferō	extulī	ēlātum	hinaustragen	hervorbringen
in-	hinein-	īnferre	īnferō	intulī	illātum	hineintragen	–
ob-	entgegen-	offerre	offerō	obtulī	oblātum	entgegenbringen	anbieten
per-	hindurch-, hinüber-	perferre	perferō	pertulī	perlātum	»hindurchbringen«, überbringen	ertragen
re-	zurück-	referre	réferō	rettulī	relātum	zurückbringen	berichten, melden
sub-	unter-, von unten … heran-	(tollere)	(tollō)	sustulī	sublātum	»von unten tragen«, emporheben	aufheben, beseitigen

§ 18 Unvollständige Verben *(verba defectiva)*

Weil bei einigen Verben nicht alle Formen gebräuchlich sind, sind deren Konjugationstabellen sozusagen unvollständig. Man nennt diese Verben deshalb *verba defectiva*.

Nur einzelne Formen im Präsensstamm sind gebräuchlich:

    aiō, ais, ait, aiunt   *ich sage, …* (**ait** dient auch als Perfekt)
    inquam, inquis, inquit   *ich sage (auch: ich sagte), du sagst, …* (**inquit** dient auch als Perfekt)

Nur im Perfektstamm sind gebräuchlich:

meminisse[9]	*gedenken, sich erinnern*
ōdisse	*hassen*

Bei diesen Verben hat das lateinische Perfekt Präsensbedeutung. Somit werden die Formen im Perfektstamm mit den entsprechenden Formen des Präsensstamms übersetzt:

lat. Perfekt	→	dt. Präsens (z. B. *odi ich hasse*)
lat. Plusquamperfekt	→	dt. Präteritum (z. B. *meminerant sie erinnerten sich*)
lat. Futur II	→	dt. Futur I (z. B. *oderit er wird hassen*)

Aufgrund dieser Besonderheit – des Ersatzes des Präsensstamms durch den Perfektstamm – werden diese Verben **Perfektopräsentien** genannt.

Vergleichbar sind folgende Verben, bei denen ebenfalls ein lateinisches Perfekt mit einem deutschen Präsens übersetzt wird:[10]

(cōg)nōvisse	*kennen, wissen (~ kennengelernt haben)*
cōnsuēvisse	*gewohnt sein, pflegen (~ sich gewöhnt haben)*

§ 19 Unpersönliche Verben

Einige Verben bilden nur die 3. Person Singular[11]. In diesem Fall übersetzt man mit Hilfe des Pronomens *es* (oder *man*). Als »unpersönliche« Verben werden sie bezeichnet, weil hier keine konkrete Person als »Täter« gesetzt werden kann, z. B.:

decet (decuit)	*es ziemt sich*
licet (licuit)	*es ist erlaubt*
oportet (oportuit)	*es gehört sich, es ist nötig, man muss*

Es gibt auch einige Verben, die sowohl persönlich als auch unpersönlich gebraucht werden können, z. B.:

appārēre	unpersönlich: appāret (appāruit)	*es ist klar/offenkundig*
cōnstāre	unpersönlich: cōnstat (cōnstitit)	*es steht fest/ist bekannt*
ēvenīre	unpersönlich: ēvenit (ēvēnit)	*es ereignet sich/stößt zu*
accidere	unpersönlich: accidit (accidit)	*es ereignet sich/tritt ein*
interesse	unpersönlich: interest (interfuit)	*es ist wichtig*
placēre	unpersönlich: placet (placuit)	*es gefällt, man beschließt*

---

9 Die Imperative zu *meminisse* lauten *mementō gedenke!* und *mementōte gedenkt!*
10 Im Unterschied zu den Perfektopräsentien *meminisse* und *ōdisse* gibt es zu diesen Verben aber einen lateinischen Präsensstamm: *(cōg)nōscere kennenlernen* und *cōnsuēscere sich gewöhnen an*.
11 Selten können diese unpersönlichen Verben auch innerhalb eines AcI vorkommen; dann stehen sie im bloßen Infinitiv ohne eigenen Subjektsakkusativ.

Das Verb als Prädikat (§ 20 – § 25)

Im Zentrum des lateinischen Satzes steht eine flektierte Verbform: das Prädikat. Beim Übersetzen lautet deshalb stets die erste Frage: »**WAS PASSIERT?**« oder »**WAS WIRD AUSGESAGT?**« oder »**WAS GESCHIEHT?**« Erst anschließend – und ausgehend vom Prädikat – wird schrittweise der restliche Satz erschlossen.

§ 20 Der Indikativ im Hauptsatz

1. Gleiche Verwendung im Lateinischen und im Deutschen

Lateinische Hauptsätze (Aussage- und Fragesätze) stehen meist im **Indikativ** (< lat. *indicare* anzeigen), der auch im Deutschen mit einem Indikativ wiedergegeben wird. Die Negation erfolgt durch *non*.

> Hercules multas bestias capit.
> *Herkules fängt viele Tiere.*

> Nonne Hercules multas bestias cepit?
> *Hat Herkules nicht viele Tiere gefangen?*

> Hercules Cerberum non interficiet.
> *Herkules wird den Zerberus nicht töten.*

2. Realis: Unterschiedliche Sichtweise im Lateinischen und im Deutschen

Im Unterschied zum Deutschen verwendet das Lateinische bei Ausdrücken des **Könnens, Sollens, Müssens** und bei einigen feststehenden Ausdrücken den Indikativ und betont somit die »Wirklichkeit« (bzw. real gegebene Möglichkeit) der Aussage. Das Deutsche bevorzugt bei der Übersetzung den Konjunktiv und betont somit die »Nicht-Wirklichkeit«. Für diese Diskrepanz zwischen den beiden Sprachen hat sich in der Grammatik der künstlich geschaffene Begriff »**Realis**« eingebürgert.

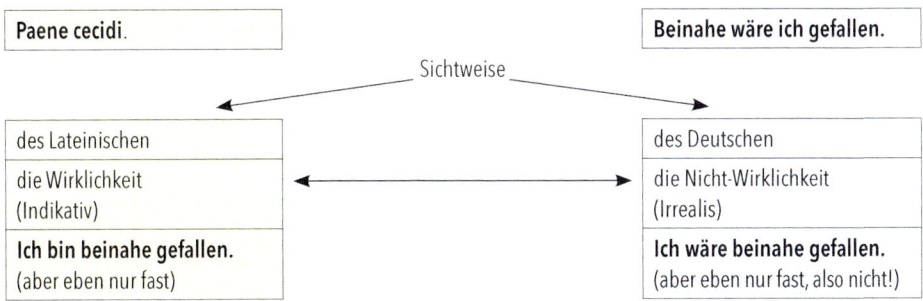

Du lernst die Wendungen, die häufiger als Realis erscheinen, am besten auswendig:

superare possum	*ich könnte besiegen*
superare poteram/potui	*ich hätte besiegen können*
superare debui	*ich hätte besiegen müssen/sollen*
oportebat/oportuit	*es hätte sich gehört*
meum erat	*es wäre meine Pflicht gewesen*
longum est	*es würde zu weit führen*
difficile est	*es wäre zu schwierig*
melius erat/praestitit	*es wäre besser gewesen*
Quis nescit?	*Wer wüsste nicht?*
non multum afuit	*es hätte nicht viel gefehlt*
paene cecidi	*beinahe/fast wäre ich gefallen*

Diese Auflistung nennt lediglich einige besonders häufig vorkommende Wendungen. Beim Übersetzen ist es nötig, sich bei den entsprechenden Stellen ein Stück weit auf sein Sprachgefühl zu verlassen und auf den Kontext zu achten, denn selbstverständlich kann *superare potui* auch »ganz normal« bedeuten: *ich konnte besiegen*.

Herkules könnte beispielsweise sagen:

»Leonem superare potui.
»*Ich konnte (Indikativ im Deutschen!) den Löwen besiegen.*

Sed Hydram solus numquam superare potui.«
Aber die Hydra hätte (Konjunktiv im Deutschen!) ich alleine niemals besiegen können.«

Der Konjunktiv im Hauptsatz

Gegenüber dem Indikativ hat der **Konjunktiv** einen »**Mehrwert**«. Wenn eine Verbform im Konjunktiv steht, ist dem Sprecher nicht nur das bloße Vermitteln der im Verb enthaltenen Handlung wichtig, sondern er fügt dieser Verbalhandlung eine zusätzliche Information hinzu. Diese Zusatzinformation ist mit dem Konjunktiv »verbunden« (< lat. *coniungere, coniungo, coniunxi,* **coniunctum** *verbinden, hinzufügen*).

Der Konjunktiv im Hauptsatz kann dabei drei verschiedene Funktionen haben:
- **Wunsch/Aufforderung**
- **Möglichkeit**
- **Nicht-Wirklichkeit**

§ 21 Der Konjunktiv als Wunsch/Aufforderung

Wenn der Konjunktiv einen Wunsch oder eine Aufforderung ausdrückt, wird er mit *ne* verneint.

1. Optativ

Der **Optativ** (< lat. *optare wünschen*) kann in vier verschiedenen Varianten erscheinen. Dabei wird unterschieden, ob der Wunsch als erfüllbar oder als unerfüllbar angesehen wird. Zusätzlich spielt eine Rolle, ob sich der Wunsch auf die Gegenwart oder auf die Vergangenheit bezieht (s. Tabelle unten).

Zur Verdeutlichung des Optativs **kann** bei den erfüllbaren Wünschen *utinam* oder *velim* stehen.

Bei den unerfüllbaren Wünschen **muss** *utinam* oder *vellem* stehen.

Utinam, *velim* und *vellem* bleiben bei der Übertragung ins Deutsche grundsätzlich unübersetzt.

Der lateinische Konjunktiv wird mit einer Form von *mögen*, *hoffentlich*, *wenn doch* oder *dass doch* wiedergegeben. Beim unerfüllbaren Optativ ist *hoffentlich* jedoch aus logischen Gründen nicht möglich.

Optativ	der Gegenwart	der Vergangenheit
erfüllbar *utinam* oder *velim* möglich	**Konjunktiv Präsens** (Utinam/velim) leonem vincam! *Möge ich den Löwen besiegen!* *Hoffentlich besiege ich den Löwen!*	**Konjunktiv Perfekt** (Utinam/velim) leonem vicerim! *Möge ich den Löwen besiegt haben!* *Hoffentlich habe ich den Löwen besiegt!*
unerfüllbar *utinam* oder *vellem* nötig	**Konjunktiv Imperfekt** Utinam/vellem Hydram solus vincerem! *Wenn ich doch die Hydra allein besiegen würde!* *Dass ich doch die Hydra allein besiegen würde!*	**Konjunktiv Plusquamperfekt** Utinam/vellem Hydram solus vicissem! *Wenn ich doch die Hydra allein besiegt hätte!* *Dass ich doch die Hydra allein besiegt hätte!*

2. Hortativ

Der **Hortativ** (< lat. *hortari auffordern*) drückt eine Aufforderung aus, die sich an die 1. Person Plural richtet. Damit meint der Sprecher andere Personen (oder auch nur eine andere Person) und sich selbst. Beim Übersetzen des Hortativs ins Deutsche wird ein aufforderndes *lassen* verwendet.

> »Amici, **interficiamus** leonem! **Proficiscamur**!«
> »Freunde, lasst uns den Löwen töten! Lasst uns aufbrechen!«

3. Jussiv

Als **Jussiv** (< lat. *iubere, iubeo, iussi, iussum auffordern, befehlen*) formuliert der Konjunktiv eine Aufforderung und richtet sich meist an die 3. Person (selten: 2. Person) Singular oder Plural. Beim Übersetzen des Jussivs ins Deutsche wird *sollen* verwendet.

Eurystheus sagt:

> »Hercules equos Diomedis ad me **ducat**!«
> »Herkules soll die Rosse des Diomedes zu mir **führen**!«

Herkules sagt:

> »Equi mihi **pareant**!«
> »Die Rosse sollen mir **gehorchen**!«

Optativ, Jussiv oder Hortativ?
Der Konjunktiv Präsens bringt Aufforderungen zum Ausdruck. Ob ein lateinischer Konjunktiv aber als Jussiv oder als Optativ zu übersetzen ist, kann oft nur aus dem Kontext erschlossen werden. Nicht selten sind beide Übersetzungen richtig, wenn sie auch einen stark unterschiedlichen Akzent beinhalten. So steht der Jussiv als scharf formulierte Aufforderung in seiner Bedeutung dem Imperativ nahe, während der Optativ – ähnlich wie der Hortativ – einen sehr höflichen Wunsch formuliert.

> »Equi mihi **pareant**!«
> »Die Rosse **sollen** mir **gehorchen**!« *(als Jussiv)*
> oder
> »Die Rosse **mögen** mir **gehorchen**!« *(als Optativ)*

> »**Interficiamus** Hydram, Iolae!«
> »**Lass uns** die Hydra **töten**, Jolaos!« *(als Hortativ)*
> oder
> »**Hoffentlich töten wir** die Hydra, Jolaos!« *(als Optativ)*

4. Prohibitiv

Der **Prohibitiv** (< lat. *prohibere verbieten, verhindern*) drückt eine verneinte Aufforderung aus und ersetzt den im Lateinischen nicht vorhandenen **verneinten Imperativ**. Es steht *ne* mit Konjunktiv Perfekt (2. Person Singular oder Plural).

Eurystheus befiehlt Herkules, die Ställe des Augias zu reinigen, und warnt ihn:
>»**Ne recusaveris**, Hercules!«
>»**Weigere dich nicht**, Herkules!«

Herkules sagt zu den Rossen des Diomedes:
>»**Ne me offenderitis!**«
>»**Greift** mich nicht an!«

§ 22 Der Konjunktiv als Möglichkeit

Wenn der Konjunktiv eine Möglichkeit ausdrückt, wird er mit *non* verneint.

1. Deliberativ (auch Dubitativ)

In der 1. Person Singular oder Plural kann der Konjunktiv Präsens als **Deliberativ** (< lat. *deliberare überlegen*) in Fragen eine Überlegung ausdrücken. Beim Übersetzen des **Deliberativs der Gegenwart** ins Deutsche wird ein fragendes *sollen* verwendet.

>»Quomodo Hydram **superem**? Quid **faciamus**?«
>»Wie soll ich die Hydra besiegen? Was sollen wir machen?«

Beim **Deliberativ der Vergangenheit** (Konjunktiv Imperfekt) fügt man *hätte ... sollen* ein.

>»Quomodo Hydram **superarem**? Quid **faceremus**?«
>»Wie hätte ich die Hydra besiegen sollen? Was hätten wir machen sollen?«

2. Potentialis

Als **Potentialis** (< lat. *potens möglich, mächtig*) modifiziert der Konjunktiv Präsens oder Perfekt (mit identischer Bedeutung!) als **Potentialis der Gegenwart** eine Aussage, die als möglich dargestellt wird. Bei der Übersetzung ins Deutsche werden entweder die Modalverben *dürfte* bzw. *könnte* oder aber ein passendes Adverb eingefügt, z. B. *wohl*, *vielleicht*.

>Nemo fortior **sit** (oder **fuerit**) quam Hercules.
>Niemand ist wohl tapferer/dürfte tapferer sein/könnte tapferer sein als Herkules.

Häufige Ausdrücke sind:

dicat/dixerit aliquis	*es könnte irgendjemand sagen, vielleicht sagt irgendjemand*
credam/crediderim	*ich könnte glauben*
credas/putes	*man (!) könnte glauben*

Der **Potentialis der Vergangenheit** ist auf wenige Ausdrücke im Konjunktiv Imperfekt beschränkt, die du am besten auswendig lernst:

crederes/putares	*man (!) hätte glauben können*
diceres	*man (!) hätte sagen können*
videres	*man (!) hätte sehen können*
vix intellegeres	*man (!) hätte wohl kaum verstanden*

§ 23 Der Konjunktiv als Nicht-Wirklichkeit (Irrealis)

Wenn der Konjunktiv eine **Nicht-Wirklichkeit** ausdrückt, wird er mit *non* verneint.

Der Konjunktiv Imperfekt drückt als **Irrealis der Gegenwart** aus, dass etwas eigentlich denkbar/wünschenswert wäre, aber – aus welchen Gründen auch immer – nicht eintritt.

Der Konjunktiv Plusquamperfekt drückt als **Irrealis der Vergangenheit** aus, dass etwas eigentlich denkbar/wünschenswert gewesen wäre, aber – aus irgendwelchen Gründen – nicht eintrat.

Der Irrealis kommt häufig in Verbindung mit einem Kondizionalsatz vor (vgl. § 104,3).

Irrealis der Gegenwart:
> Cum amico Hydram **vincerem**.
> *Mit einem Freund* **würde ich** *die Hydra* **besiegen**.

Irrealis der Vergangenheit:
> Sine amico Hydram non **vicissem**.
> *Ohne einen Freund* **hätte ich** *die Hydra nicht* **besiegt**.

§ 24 Zusammenfassende Übersicht zum Konjunktiv im Hauptsatz

	Konj. Präsens	Konj. Imperfekt	Konj. Perfekt	Konj. Plusquamperfekt
Wunsch/Aufforderung	Optativ (erf.) Ggwt.		Optativ (erf.) Vght.	
		Optativ (unerf.) Ggwt.		Optativ (unerf.) Vght.
	Hortativ			
	Jussiv			
			Prohibitiv	
Möglichkeit	Potentialis Ggwt.		Potentialis Ggwt. (!)	
		Potentialis Vght.		
	Deliberativ Ggwt.	Deliberativ Vght.		
Nicht-Wirklichkeit		Irrealis Ggwt.		Irrealis Vght.

§ 25 Die Imperative

Ein lateinischer **Imperativ I** (< lat. *imperare* befehlen) entspricht auch in der Übersetzung einem deutschen Imperativ. Eine Besonderheit ist jedoch die **Verneinung** eines lateinischen Imperativs.

Im Deutschen wird ein Imperativ einfach mit *nicht* verneint:

»Herkules, reinige den Stall!
Weigere dich nicht!«

Im Lateinischen besteht dagegen nicht die Möglichkeit, einen Imperativ einfach mit *non* zu verneinen. Es gibt stattdessen die folgenden beiden Möglichkeiten der Verneinung eines Imperativs:

noli (Singular) bzw. ***nolite*** (Plural) mit Infinitiv	Noli recusare! Nolite recusare!	*Weigere dich nicht!* *Weigert euch nicht!*
als sog. **Prohibitiv**: ***ne*** mit Konjunktiv Perfekt	Ne recusaveris! Ne recusaveritis!	*Weigere dich nicht!* *Weigert euch nicht!*

Man sollte sich v. a. als fortgeschrittener Übersetzer nicht auf die Zeichensetzung verlassen. In lateinischen Texten steht nach einem Imperativ keineswegs immer/verpflichtend ein Ausrufezeichen.

Im Lateinischen gibt es neben dem Imperativ I auch noch – viel seltener – einen sog. **Imperativ II**. Er wird ausgehend vom Präsensstamm gebildet und hat folgende Endungen:

	Aktiv	Deponens (Passiv)
2. und 3. Pers. Sg.	-tō	-tor
2. Pers. Pl.	-tōte	–
3. Pers. Pl.	-ntō	-ntor

Da es im Deutschen keine direkte Entsprechung für diesen Imperativ gibt, behilft man sich bei der Übersetzung mit dem Modalverb *sollen*.

Eurystheus befiehlt Herkules:
　»**Capito** aprum!«
　»**Du** sollst **den Eber fangen***!*«

Weitere Formen:
　capito *er/sie/es soll fangen*　　　capitote *ihr sollt fangen*　　　capiunto *sie sollen fangen*
　sequitor *du sollst folgen*　　　　sequitor *er/sie/es soll folgen*　　sequuntor *sie sollen folgen*

Nominalformen und infinite Verbformen im Überblick (§ 26)

Einige Verbformen sind nicht nach Person und Numerus bestimmt (in-finit). Zu den infiniten Verbformen gehören die verschiedenen Infinitive und die Nominalformen Gerundium, Gerundiv und Partizip, die wie Nomina dekliniert werden.

Infinitiv Präsens (Infinitiv der Gleichzeitigkeit)		
Aktiv	superā-re	(zu) besiegen
Passiv	superā-rī	besiegt (zu) werden
Infinitiv Perfekt (Infinitiv der Vorzeitigkeit)		
Aktiv	superāv-isse	besiegt (zu) haben
Passiv	superā-tum esse	besiegt (worden) (zu) sein
Infinitiv Futur (Infinitiv der Nachzeitigkeit)		
Aktiv	superā-tūrum esse	(in Zukunft) besiegen
Passiv	superā-tum īrī	(in Zukunft) besiegt werden
Gerundium		
	superā-nd-ī	des Besiegens
	ad superā-nd-um	zum Besiegen
	superā-nd-ō	durch (das) Besiegen
Gerundiv		
	aper superā-nd-us	ein zu besiegender Eber; ein Eber, der besiegt werden muss
Partizip		
Präsens Aktiv (PPA)	Herculēs superā-ns	der besiegende Herkules
Perfekt Passiv (PPP)	aper superā-tus	der besiegte Eber
Futur Aktiv (PFA)	Herculēs superā-tūrus	Herkules, der besiegen wird/will

Zu den Nominalformen zählt man auch die beiden Supine, bei denen es sich um erstarrte Verbalformen handelt.

Das **Supinum I** ist ein alter Akkusativ der Richtung und endet daher auf *-um*. Es drückt in Verbindung mit Verben der Bewegung einen Zweck aus.

> Hercules venit leonem **necatum**.
> *Herkules kommt, **um** den Löwen **zu töten**.*

Das **Supinum II** ist wohl ein alter finaler Dativ. Es steht in festen Wendungen und bei bestimmten Adjektiven.

> Imperia Eurysthei difficilia **factu** sunt.
> *Die Befehle des Eurystheus sind schwierig **auszuführen**.*

Die lateinischen Zeiten und ihre Verwendung (§ 27)

Das Lateinische kennt wie das Deutsche sechs **Tempora** (< lat. *tempus* Zeit) und teilt diese zunächst in zwei Gruppen ein:
- **Haupttempora:** Präsens, Futur I, Futur II
- **Nebentempora:** Perfekt, Imperfekt, Plusquamperfekt, auch: historisches Präsens und historischer Infinitiv

Vereinfacht lässt sich sagen, dass alle Tempora (oder Funktionen von Tempora), die eine Vergangenheit ausdrücken, zu den Nebentempora zu zählen sind.

Die Haupttempora

1. Präsens

Das **Präsens** (< lat. *praesens gegenwärtig*) gibt – wie im Deutschen auch – Handlungen und Zustände an, die in der **Gegenwart** liegen:

> Hercules leonem **interficit**. Nunc leo mortuus **est**.
> Herkules **tötet** den Löwen. Nun **ist** der Löwe tot.

Bisweilen wird das lateinische Präsens in einem eindeutig auf die Vergangenheit zu beziehenden Kontext gesetzt, um in lebhafter Form so zu erzählen, als spielten sich die Ereignisse gerade vor den Augen des Lesers oder Zuhörers ab. Dieser Gebrauch wird daher **historisches Präsens** genannt. Bisweilen setzt das Lateinische hier sogar den Infinitiv Präsens, um (ähnlich dem Stil eines Telegramms oder Live-Tickers) ein besonders schnelles Erzähltempo zu erzeugen. Man spricht hier von **historischem Infinitiv**.

> Hercules per silvam errabat. Subito leo **adest** et Herculem **aggreditur**.
> Herkules irrte durch den Wald. Plötzlich **ist** der Löwe **da** und **greift** Herkules **an**.

> Hercules clavam **capere**, in leonem **incurrere**, leonem **defendere**.
> Herkules **ergreift** die Keule, **stürmt** auf den Löwen **los** und **wehrt** den Löwen **ab**.

2. Futur I

Das **Futur I** (< lat. *futurus zukünftig*) gibt Handlungen und Zustände an, die in der **Zukunft** liegen. Ist aus dem Kontext (z. B. durch bestimmte Zeitangaben) klar, dass ein Ereignis in der Zukunft liegt, genügt im Deutschen oft die Wiedergabe mit dem Präsens:

> Hercules: »Cras in silva leonem **interficiam**.«
> Herkules sagt: »Morgen **werde ich** im Wald den Löwen **töten**.«
> auch: »Morgen (Markierung durch Adverb!) **töte ich** im Wald den Löwen.«

Bisweilen kann das Futur I in die Nähe einer Möglichkeit (vgl. Potentialis) bzw. eines Wollens (vgl. Optativ) heranrücken. Dies zeigt schon die Identität der 1. Person Singular des Futurs und des Konjunktivs Präsens in einigen Konjugationen:

Hercules: »**Interficiam** leonem.«
Herkules sagt: »**Ich werde** den Löwen **töten**. / **Ich werde** den Löwen (**wohl**) **töten**. / **Ich will** den Löwen **töten**. / **Möge ich** doch den Löwen **töten**.«

3. Futur II

Das **Futur II** kommt kaum als selbstständiges Tempus, sondern fast nur in Nebensätzen vor. Es bezeichnet Ereignisse in der Zukunft, die vor anderen künftigen Ereignissen liegen, die im Futur I ausgedrückt sind. Entsprechend seiner Form und Funktion wurde das Futur II auch als Futurperfekt bezeichnet. Bei der Übersetzung ins Deutsche wird es in der Regel mit Präsens (oder Perfekt) wiedergegeben:

Hercules: »Si leonem **invenero**, eum interficiam.«
Herkules sagt: »*Wenn* **ich** den Löwen **gefunden haben werde**, *werde ich ihn töten.*«
   auch: »*Wenn* **ich** den Löwen **finde**, *werde ich ihn töten.*«
   auch: »*Wenn* **ich** den Löwen **gefunden habe**, *werde ich ihn töten.*«

Die Nebentempora

1. Perfekt

Anders als im Deutschen ist das **Perfekt** (< lat. *perficere, perficio, perfeci, **perfectum** vollenden*) das Erzähltempus der lateinischen Sprache. Es bezeichnet meist

- einmalige Vorgänge, die zum Abschluss gelangt sind (**effektiver Gebrauch**),
- abgeschlossene Handlungen, die im Überblick betrachtet werden (**komplexiver Gebrauch**).

Bei der Übersetzung ins Deutsche wird meist das **Präteritum** verwendet. Die wörtliche Wiedergabe mit dem deutschen Perfekt ist nicht falsch, doch klingt sie oft gesucht:

Effektiver Gebrauch:

Hercules cum leone **pugnavit** et eum **interfecit**.
Herkules **kämpfte** *mit dem Löwen und* **tötete** *ihn. (Wiedergabe mit dem dt. Präteritum)*
Herkules **hat** *mit dem Löwen* **gekämpft** *und ihn* **getötet**. *(Wiedergabe mit dem dt. Perfekt)*

Komplexiver Gebrauch:

Temporibus antiquis multae bestiae a viris fortibus **superatae sunt**.
In den alten Zeiten **wurden** *viele wilde Tiere von mutigen Männern* **besiegt**.

Daneben wird das Perfekt – wie im Deutschen auch – zur Angabe von Zuständen verwendet, die das Ergebnis abgeschlossener Handlungen sind (**resultativer Gebrauch**):

Terra a bestiis **liberata est**.
Das Land **ist** *von wilden Tieren* **befreit** *(worden). (~ Das Land* **ist frei** *von wilden Tieren.)*

Selten bringt das Perfekt Erfahrungen zum Ausdruck, die aus der Vergangenheit stammen, sich aber immer wieder bestätigen können (**gnomischer Gebrauch**). Bei der Übersetzung ins Deutsche steht daher meist das Präsens:

> Viri fortes semper in periculo **fuerunt**.
> *Tapfere Männer* **sind** *immer in Gefahr.*

Bei den Perfektopräsentien bringt das Perfekt die Gegenwart zum Ausdruck:

> Eurystheus: »Herculem **cognovi**. Eum **odi**.«
> *Eurystheus sagt: »* **Ich kenne** *Herkules. (~* **Ich habe** *Herkules* **kennengelernt***.) Ich hasse ihn.«*

2. Imperfekt

Anders als im Deutschen bezeichnet das **Imperfekt** (< lat. *im-perfectus unvollendet*) im Lateinischen nicht die Haupthandlung einer Erzählung, sondern beschränkt sich auf die Beschreibung vergangener Zustände:

> Hercules in silva leonem interfecit. Sol **ardebat**.
> *Herkules tötete den Löwen im Wald. (einmalige Handlung als Haupthandlung)*
> *Die Sonne* **brannte**. *(Zustand als beschreibende Nebenhandlung)*

Darüber hinaus bringt das Imperfekt die Wiederholung regelmäßiger Handlungen zum Ausdruck (**iterativer Gebrauch**):

> Hercules bestias **interficiebat**.
> *Herkules* **tötete (immer wieder)** *wilde Tiere.*

> Hercules:
> Olim bestiam **interfeci**.   Cottidie bestiam **interficiebam**.
> *Einst* **tötete ich** *das wilde Tier.*   **Ich tötete** *täglich ein wildes Tier.*
> *(einmaliges Ereignis)*   *(wiederholtes Ereignis)*

Selten bringt das Imperfekt zum Ausdruck, dass eine Handlung nicht vollendet (imperfekt!) ist und es beim bloßen Versuch geblieben ist (**konativer Gebrauch**). Der fehlende Abschluss der Handlung muss dabei aus dem Kontext deutlich werden:

> Hercules leonem clava **interficiebat**. Sed leo ictum sustinuit.
> *Herkules* **versuchte** *den Löwen mit seiner Keule* **zu töten**. *Aber der Löwe hielt den Hieb aus.*

3. Plusquamperfekt

Das **Plusquamperfekt** bezeichnet im Lateinischen wie im Deutschen Handlungen, die vor einer anderen vergangenen Handlung liegen:

> Hercules cervam non interfecit. Nam id Dianae deae **promiserat**.
> *Herkules tötete die Hirschkuh nicht. Denn dies* **hatte er** *der Göttin Diana* **versprochen**.

Nomina (§ 28 - § 53)

Zu den Nomina werden gerechnet:
- Substantive
- Gerundium
- Adjektive
- Partizipien
- Gerundiv
- Pronomina

Die Nomina werden nach folgenden drei Kategorien flektiert:

Kasus	Nominativ, Genitiv, Dativ, Akkusativ, Vokativ, Ablativ
Numerus	Singular (Einzahl) und Plural (Mehrzahl)
Genus	Maskulinum (männlich), Femininum (weiblich), Neutrum (sächlich)[19]

Man spricht auch davon, dass ein Nomen dekliniert (< lat. ***declinare*** abwandeln, beugen) wird (Subst.: Deklination).

Substantive (§ 28 - § 35)

§ 28 Besonderheit in Latein

Im Deutschen deutet oft der Artikel eines Substantivs Kasus, Numerus und Genus an. Da das Lateinische **keinen Artikel** hat, beinhalten die Endungen auch diese Informationen.

Beim Übersetzen muss man je nach Kontext entscheiden, ob man ein lateinisches Substantiv mit bestimmtem, unbestimmtem oder ohne Artikel im Deutschen wiedergibt. Wenn es vom Kontext her passt, darf man auch gerne im Deutschen ein Possessivpronomen einfügen, obwohl es im Lateinischen nicht steht:

---

12 Der Begriff »Neutrum« leitet sich vom lateinischen ***ne-utrum*** *keines von beiden* ab.

Hercules Hydram cum amico vicit.
~~Der~~ *Herkules besiegte die Hydra mit* **(s)einem** *(auch:* **dem***) Freund.*

Die folgende Deklinationstabelle zeigt einen wesentlichen Unterschied zwischen dem Lateinischen und dem Deutschen: Während im Lateinischen die unterschiedlichen Endungen den jeweilgen Kasus zum Ausdruck bringen, übernimmt im Deutschen der (bestimmte oder unbestimmte) Artikel diese Information.

		lateinisch	bestimmt	unbestimmt
Singular	Nom.	amīc-**us**	**der** Freund	**ein** Freund
	Gen.	amīc-**ī**	**des** Freundes	**eines** Freundes
	Dat.	amīc-**ō**	**dem** Freund	**einem** Freund
	Akk.	amīc-**um**	**den** Freund	**einen** Freund
	Abl.	(cum) amīc-**ō**	(mit **dem** Freund)	(mit **einem** Freund)
Plural	Nom.	amic-**ī**	**die** Freunde	Freunde
	Gen.	amic-**ōrum**	**der** Freunde	(von Freunden)
	Dat.	amic-**īs**	**den** Freunden	Freunden
	Akk.	amic-**ōs**	**die** Freunde	Freunde
	Abl.	(cum) amic-**īs**	(mit **den** Freunden)	(mit Freunden)

§ 29 Deklinationsklassen

Lateinische Substantive werden in folgende **sechs Deklinationsklassen** eingeteilt. Teilweise kann man aufgrund der Zugehörigkeit zu einer dieser Klassen auch eine Aussage über das Genus treffen:

Deklinationsklasse	Genus	Beispiel
a-Deklination	meist feminin	bestia, -ae f.
o-Deklination	maskulin oder neutrum	amicus, -i m. monstrum, -i n.
3. Deklination	unterschiedliche Genera	(Übersicht siehe S. 50)
i-Deklination	unterschiedliche Genera	turris, -is f. mare, -is n.
u-Deklination	meist maskulin	metus, -us m.
e-Deklination	meist feminin	res, rei f.

Die **Endung** gibt also einen Hinweis darauf, zu welcher Deklinationsklasse ein Substantiv gehört. Besonders deutlich wird das bei den sog. *substantiva mobilia* (Substantiven mit »beweglicher« Endung). Durch Anhängen einer anderen Endung werden Genus und/oder Zugehörigkeit zu einer Deklinationsklasse geändert, z. B.:

filius m.	der Sohn	filia f.	die Tochter
puer m.	der Junge	puella f.	das Mädchen
rex m.	der König	regina f.	die Königin
victor m.	der Sieger	victrix f.	die Siegerin

Grundlegendes zur Deklination:
- Alle Neutra weisen im Nom. und im Akk. (Sg. bzw. Pl.) dieselben Endungen auf.
- Dat. und Abl. Pl. sind stets identisch.
- Nom. und Vok. sind identisch (Ausnahme s. o-Dekl.).

§ 30 Substantive der a-Deklination

1. Grundlegendes und Formen

Die Substantive der **a-Deklination** sind **Feminina**.

	bestia, -ae f. *das wilde Tier*	
	Singular	Plural
Nom.	besti-a	besti-ae
Gen.	besti-ae	besti-ārum
Dat.	besti-ae	besti-īs
Akk.	besti-am	besti-ās
Abl.	besti-ā	besti-īs

2. Besonderheiten

Innerhalb der a-Deklination gibt es wenige Wörter, die nicht feminin sind, sondern ein sog. **natürliches Geschlecht** haben, z. B.:

nauta, -ae	der Matrose, der Seemann
poeta, -ae	der Dichter

Außerdem sind die Flussnamen (wegen der männlich gedachten Flussgötter) maskulin.

Es gibt Wörter, die nur im Plural gebräuchlich sind; die entsprechende deutsche Bedeutung ist teils Singular, teils Plural und wird im Wortschatz gelernt, z. B.:

divitiae, -arum	der Reichtum
insidiae, -arum	der Hinterhalt
reliquiae, -arum	die Überbleibsel, die Überreste, der Überrest
tenebrae, -arum	die Finsternis, die Dunkelheit

§ 31 Substantive der o-Deklination

1. Grundlegendes und Formen

Die Substantive der **o-Deklination** sind **Maskulina** oder **Neutra**.

Bei den Neutra sind stets Nominativ und Akkusativ formgleich.
Im Plural enden die Neutra im Nominativ und Akkusativ auf *-a*.

| | amīcus, -ī m. *der Freund* || mōnstrum, -ī n. *das Ungeheuer* ||
	Singular	Plural	Singular	Plural
Nom.	amīc-**us**	amīc-**ī**	mōnstr-**um**	mōnstr-**a**
Gen.	amīc-**ī**	amīc-**ōrum**	mōnstr-**ī**	mōnstr-**ōrum**
Dat.	amīc-**ō**	amīc-**īs**	mōnstr-**ō**	mōnstr-**īs**
Akk.	amīc-**um**	amīc-**ōs**	mōnstr-**um**	mōnstr-**a**
Abl.	(cum) amīc-**ō**	(cum) amīc-**īs**	mōnstr-**ō**	mōnstr-**īs**

Das Gerundium wird dekliniert wie ein Neutrum. Dabei ist zu beachten, dass es das Gerundium nicht im Nominativ und nur im Singular gibt, z. B.:

superare, superandi, Dativ selten: superando, (ad) superandum, superando

2. Besonderheiten

Innerhalb der Maskulina der o-Deklination gibt es zwei Gruppen: Die überwiegende Mehrzahl der Substantive endet im Nominativ auf *-us*, wenige Substantive enden im Nominativ auf *-(e)r*. Den Wortstamm aller Substantive erkennt man am Genitiv. Deshalb ist es so wichtig, diesen im Wortschatz genau mitzulernen.

pu**er**, pu**er**-i   ag**er**, ag**r**-i

„*-e-* oder *nicht -e-* –
das ist hier die Frage."

| | puer, puerī m. *der Junge* || ager, agrī m. *der Acker* ||
	Singular	Plural	Singular	Plural
Nom.	puer	puer-**ī**	ager	agr-**ī**
Gen.	puer-**ī**	puer-**ōrum**	agr-**ī**	agr-**ōrum**
Dat.	puer-**ō**	puer-**īs**	agr-**ō**	agr-**īs**
Akk.	puer-**um**	puer-**ōs**	agr-**um**	agr-**ōs**
Abl.	(cum) puer-**ō**	(cum) puer-**īs**	agr-**ō**	agr-**īs**

Wie *puer* wird *vir* dekliniert: *vir, vir-i, vir-o, vir-um*, …

Wegen des natürlichen Geschlechts der weiblich gedachten Erdgöttin sind *humus, -i die Erde* und viele Ländernamen (z. B. *Aegyptus, -i Ägypten*) feminin.

Nur im Plural gebräuchlich sind beispielsweise folgende Substantive:

liberi, -orum	*die Kinder*
castra, -orum	*das Lager*
arma, -orum	*die Waffen*

3. Der Vokativ

Der Vokativ Singular der Substantive der o-Deklination auf *-us* endet auf *-e* (z. B. amic-us → amic-e). Ausnahmen sind Wörter mit Nominativ auf *-ius*. Diese enden auf *-i* (aus *-ie* zusammengezogen), z. B. *Gaius* (Nom.), *Gai* (Vok.), *filius* (Nom.), *fili* (Vok.).

Ansonsten gilt: Nominativ und Vokativ haben identische Formen (und werden deshalb in den Deklinationstabellen nicht gesondert angeführt).

§ 32 Substantive der 3. Deklination

1. Grundlegendes und Formen

In der 3. Deklination sind Substantive aller Genera vertreten.

	labor, -ōris m. *die Arbeit*		regiō, -ōnis f. *die Gegend*		corpus, -oris n. *der Körper*	
	Singular	Plural	Singular	Plural	Singular	Plural
Nom.	labor	labōr-**ēs**	regiō	regiōn-**ēs**	corpus	corpor-**a**
Gen.	labōr-**is**	labōr-**um**	regiōn-**is**	regiōn-**um**	corpor-**is**	corpor-**um**
Dat.	labōr-**ī**	labōr-**ibus**	regiōn-**ī**	regiōn-**ibus**	corpor-**ī**	corpor-**ibus**
Akk.	labōr-**em**	labōr-**ēs**	regiōn-**em**	regiōn-**ēs**	corpus	corpor-**a**
Abl.	labōr-**e**	labōr-**ibus**	regiōn-**e**	regiōn-**ibus**	corpor-**e**	corpor-**ibus**

2. Eine Deklination – viele Stämme

Innerhalb der **3. Deklination** sind Wörter versammelt, die auf sehr unterschiedliche Weise den Wortstamm bilden und verschiedene Genera haben. Entscheidend ist die genaue Kenntnis des Genitivs Singular, denn ab dem Genitiv sind die Endungen grundsätzlich regelmäßig.

Im Folgenden sind die Wörter nach ihren Endungen und nach ihrem jeweiligen Genus sortiert; es werden nur häufige Fälle genannt:

Substantive auf	Genus	Beispiel
-or, -oris	m.	labor, laboris
-os, -oris	m.	flos, floris
-o, -onis	f.	oratio, orationis
-o, -inis	f.	fortitudo, fortitudinis
-s (< -ts, -ds), -is	f.	pars, partis
-x (< -cs), -is	f.	vox, vocis
-es, -is	f.	clades, cladis
-is, -is	f.	classis, classis
-as, -atis	f.	aetas, aetatis
-us, -utis/-udis	f.	salus, salutis
-us, -oris	n.	corpus, corporis
-us, -eris	n.	munus, muneris
-en, -inis	n.	nomen, nominis

Bei einigen Substantiven weist der Genitiv Plural die Endung *-ium* auf (statt des häufigeren *-um*), z. B. **navium** *der Schiffe*, **partium** *der Teile*. Diese Ausnahmen werden im Wortschatz mitgelernt. Teils sind auch beide Genitiv-Endungen gebräuchlich, z. B. *parentum* neben *parentium der Eltern*.

3. Besonderheiten im Genus

Bei folgenden häufig vorkommenden Substantiven weicht das Genus von dieser Tabelle ab:

arbor, arboris **f.**: *der Baum (Baumgöttinnen!)*
aequor, aequoris **n.**: *das Meer*
leo, leonis **m.**: *der Löwe*
homo, hominis **m.**: *der Mensch*
finis, finis **m.**: *das Ende, die Grenze (Pl. fines, -ium: die Grenzen, das Gebiet)*
ignis, ignis **m.**: *das Feuer*
mons, montis **m.**: *der Berg*
fons, fontis **m.**: *die Quelle*
pons, pontis **m.**: *die Brücke*

§ 33 Substantive der i-Deklination[13]

1. Grundlegendes und Formen

Substantive auf *-ar*, *-e* und *-al* sind Neutra und haben im Abl. Sg. die Endung *-ī*, im Nom./Akk. die Endung *-ia* und im Gen. Pl. die Endung *-ium*. Zu dieser Gruppe gesellen sich noch wenige weitere feminine Substantive wie *turris, -is der Turm*.

	turris, -is f. *der Turm*		mare, -is n. *das Meer*	
	Singular	Plural	Singular	Plural
Nom.	turr-**is**	turr-**ēs**	mar-**e**	mar-**ia**
Gen.	turr-**is**	turr-**ium**	mar-**is**	mar-**ium**
Dat.	turr-**ī**	turr-**ibus**	mar-**ī**	mar-**ibus**
Akk.	turr-**im**	turr-**īs (-ēs)**	mar-**e**	mar-**ia**
Abl.	turr-**ī**	turr-**ibus**	mar-**ī**	mar-**ibus**

---

13 Statt des Begriffs »i-Deklination« ist auch der Begriff »i-Stämme der 3. Deklination« gebräuchlich.

2. Besonderheiten

Das Substantiv *vis die Kraft*, *die Gewalt*, *die Menge* bildet im Singular nur folgende Kasus:

Nom. *vis*, Akk. *vim*, Abl. *vi*.

Der Plural *vires*, *-ium die Streitkräfte* bildet alle Kasus.

§ 34 Substantive der u-Deklination

1. Grundlegendes und Formen

Innerhalb der **u-Deklination** enden die meisten Substantive auf *-us*, *-ūs*. Das vorherrschende Genus ist **Maskulinum**. Es gibt wenige Neutra auf *-ū*, *-ūs* (z. B. *cornū*, *-ūs*).

	cāsus, -ūs m. *der Fall*		cornū, -ūs n. *das Horn*	
	Singular	Plural	Singular	Plural
Nom.	cās-**us**	cās-**ūs**	corn-**ū**	corn-**ua**
Gen.	cās-**ūs**	cās-**uum**	corn-**ūs**	corn-**uum**
Dat.	cās-**uī**	cās-**ibus**	corn-**uī** (auch corn-ū)	corn-**ibus**
Akk.	cās-**um**	cās-**ūs**	corn-**ū**	corn-**ua**
Abl.	cās-**ū**	cās-**ibus**	corn-**ū**	corn-**ibus**

2. Besonderheiten

Die Namen von Bäumen (z. B. *quercus*, *-ūs die Eiche*) sind wegen des natürlichen Geschlechts der weiblich gedachten Baumgöttinnen feminin.

Eine weitere häufig vorkommende Ausnahme ist das feminine *manus*, *-ūs die Hand*, *die Schar*.

Das Wort *domus*, *-ūs* ist ebenfalls feminin und weist eine sehr unregelmäßige Deklination auf (teilweise nach der o-Deklination!):

	domus, -ūs f. *das Haus*		
	Singular	Plural	
Nom.	dom-us	dom-ūs	
Gen.	dom-ūs	dom-**ōrum**	(neben dom-uum)
Dat.	dom-uī	dom-ibus	
Akk.	dom-um	dom-**ōs**	(neben dom-ūs)
Abl.	dom-**ō**	dom-ibus	

§ 35 Substantive der e-Deklination

1. Grundlegendes und Formen

Die Substantive der **e-Deklination** sind **Feminina**.

	rēs, reī f. *die Sache*	
	Singular	Plural
Nom.	r-ēs	r-ēs
Gen.	r-eī	r-ērum
Dat.	r-eī	r-ēbus
Akk.	r-em	r-ēs
Abl.	r-ē	r-ēbus

2. Besonderheiten

Innerhalb der e-Deklination sind nur *dies, diei der Tag* und *meridies, meridiei der Mittag* maskulin, wobei *dies, diei* auch feminin sein kann, dann aber in der Bedeutung: *die Frist, der Termin*.

Adjektive (§ 36 – § 44)

Ein **Adjektiv** (< lat. *adicere, adicio, adieci, **adiectum** hinzufügen*) kann ein Substantiv begleiten oder alleine stehen. Im ersten Fall spricht man von einem **Attribut**. Im zweiten Fall spricht man davon, dass das Adjektiv »**substantiviert**« ist.

Ähnlich wie bei den Substantiven werden auch die Adjektive Deklinationsklassen zugeordnet:
- Adjektive der **a-/o-Deklination**
- Adjektive der **i-Deklination**[14]

Adjektive werden zusätzlich danach unterschieden, wie viele unterschiedliche Endungen sie für die drei Genera im Nominativ Singular haben; dementsprechend gibt es dreiendige, zweiendige und einendige Adjektive.

---

14 Oft werden die Adjektive der i-Deklination auch unter die i-Stämme der 3. Deklination gerechnet.

§ 36 Adjektive der a-/o-Deklination

Die **Adjektive** der **a-/o-Deklination** sind immer **dreiendig**.

1. Adjektive auf -us, -a, -um

	Singular			Plural		
	m.	f.	n.	m.	f.	n.
Nom.	bon-**us**	bon-**a**	bon-**um**	bon-**ī**	bon-**ae**	bon-**a**
Gen.	bon-**ī**	bon-**ae**	bon-**ī**	bon-**ōrum**	bon-**ārum**	bon-**ōrum**
Dat.	bon-**ō**	bon-**ae**	bon-**ō**	bon-**īs**	bon-**īs**	bon-**īs**
Akk.	bon-**um**	bon-**am**	bon-**um**	bon-**ōs**	bon-**ās**	bon-**a**
Abl.	bon-**ō**	bon-**ā**	bon-**ō**	bon-**īs**	bon-**īs**	bon-**īs**

Entsprechend werden dekliniert:
- der Superlativ: **maximus, -a, -um**
- das Partizip Perfekt Passiv (PPP): **laudatus, -a, -um**
- das Partizip Futur Aktiv (PFA): **laudaturus, -tura, -turum**
- das Gerundiv: **laudandus, -a, -um**

2. Adjektive auf -er, -(e)ra, -(e)rum

Daneben gibt es Adjektive der a-/o-Deklination, die auf **-er, -(e)ra, -(e)rum** enden. Vergleichbar mit den entsprechenden Substantiven ist es hier wichtig, sich beim Lernen sehr genau die drei im Wortschatz angegebenen Formen einzuprägen, damit man den Wortstamm kennt und weiß, ob das im Maskulinum erscheinende *e* zum Wortstamm gehört oder nicht.

lib**e**r, lib**e**ra, lib**e**rum

pulch**e**r, **pulchr**a, pulchrum

„-**e**- oder *nicht -e-* – das ist hier die Frage."

§ 37 Adjektive der i-Deklination

Die **Adjektive** der **i-Deklination** haben die gleichen Endungen wie die Substantive der 3. Deklination. Die Adjektive werden allerdings zur i-Deklination gezählt, weil sie in folgenden Endungen von der 3. Deklination abweichen:
- Abl. Sg.   *-ī*
- Nom./Akk. Pl. Neutrum   *-ia*
- Gen. Pl.   *-ium*

Unter diesen Adjektiven gibt es:
- **dreiendige** (jedes Genus hat im Nom. Sg. eine eigene Form)
- **zweiendige** (Maskulinum und Femininum haben im Nom. Sg. identische Formen)
- **einendige** (Maskulinum, Femininum und Neutrum haben im Nom. Sg. identische Formen)

1. Dreiendige Adjektive

	Singular			Plural		
	m.	f.	n.	m.	f.	n.
Nom.	ācer	ācr-**is**	ācr-**e**	ācr-**ēs**	ācr-**ēs**	ācr-**ia**
Gen.	ācr-**is**	ācr-**is**	ācr-**is**	ācr-**ium**	ācr-**ium**	ācr-**ium**
Dat.	ācr-**ī**	ācr-**ī**	ācr-**ī**	ācr-**ibus**	ācr-**ibus**	ācr-**ibus**
Akk	ācr-**em**	ācr-**em**	ācr-**e**	ācr-**ēs**	ācr-**ēs**	ācr-**ia**
Abl.	ācr-**ī**	ācr-**ī**	ācr-**ī**	ācr-**ibus**	ācr-**ibus**	ācr-**ibus**

2. Zweiendige Adjektive

	Singular			Plural		
	m.	f.	n.	m.	f.	n.
Nom.	fort-is	fort-is	fort-e	fort-ēs	fort-ēs	fort-ia
Gen.	fort-is	fort-is	fort-is	fort-ium	fort-ium	fort-ium
Dat.	fort-ī	fort-ī	fort-ī	fort-ibus	fort-ibus	fort-ibus
Akk	fort-em	fort-em	fort-e	fort-ēs	fort-ēs	fort-ia
Abl.	fort-ī	fort-ī	fort-ī	fort-ibus	fort-ibus	fort-ibus

3. Einendige Adjektive

	Singular			Plural		
	m.	f.	n.	m.	f.	n.
Nom.	diligens	diligens	diligens	diligent-ēs	diligent-ēs	diligent-ia
Gen.	diligent-is	diligent-is	diligent-is	diligent-ium	diligent-ium	diligent-ium
Dat.	diligent-ī	diligent-ī	diligent-ī	diligent-ibus	diligent-ibus	diligent-ibus
Akk	diligent-em	diligent-em	diligens	diligent-ēs	diligent-ēs	diligent-ia
Abl.	diligent-ī	diligent-ī	diligent-ī	diligent-ibus	diligent-ibus	diligent-ibus

Nach dieser Tabelle wird auch das Partizip Präsens Aktiv (PPA) dekliniert. Besonders zu beachten ist dabei aber der Ablativ Singular, der meist auf *-e* endet (bei einer rein attributiven Verwendung des Partizips weist aber auch der Ablativ Singular konsequenterweise die bei den Adjektiven übliche Endung *-ī* auf).

In der Dichtung steht häufig statt der Endung *-ēs* im Nom./Akk. Pl. m./f. die Endung *-īs*. Man beachte hier im Zusammenhang mit der Metrik die Länge (z. B. im Gegensatz zum Gen. Sg. *-is*) (vgl. § 141)!

§ 38 Adjektive der 3. Deklination

Nur wenige Adjektive (*dives*, *vetus*, *pauper*, *particeps* und *princeps*) werden parallel zu den Substantiven der **3. Deklination** gebildet.
- Abl. Sg.   *-e*
- Nom./Akk. Pl. Neutrum   *-a*
- Gen. Pl.   *-um*

	Singular			Plural		
	m.	f.	n.	m.	f.	n.
Nom.	dīves	dīves	dīves	dīvit-ēs	dīvit-ēs	dīvit-a
Gen.	dīvit-is	dīvit-is	dīvit-is	dīvit-um	dīvit-um	dīvit-um
Dat.	dīvit-ī	dīvit-ī	dīvit-ī	dīvit-ibus	dīvit-ibus	dīvit-ibus
Akk	dīvit-em	dīvit-em	dīves	dīvit-ēs	dīvit-ēs	dīvit-a
Abl.	dīvit-e	dīvit-e	dīvit-e	dīvit-ibus	dīvit-ibus	dīvit-ibus

Substantive	Adjektive
i-Deklination	3. Deklination
3. Deklination	i-Deklination

Während es nur wenige Substantive der i-Deklination gibt, gibt es bei den Adjektiven nur wenige der 3. Deklination.

§ 39 Die Substantivierung von Adjektiven

Sowohl im Deutschen als auch im Lateinischen ist es möglich, Adjektive zu **substantivieren**. Dies geschieht oft
- im Plural des Maskulinums: z. B. *fortes die Tapferen (~ die tapferen Menschen)*, **boni** *die Guten (~ die guten Menschen)*, ...
- im Singular des Neutrums: z. B. **bonum** *das Gute/das Gut*, **verum** *das Wahre/die Wahrheit*, ...
- im Singular des Maskulinums und Femininums bei einigen Ausdrücken: z. B. *dextera (manus) die Rechte (~ die rechte Hand)*, ...

§ 40 Die Komparation der Adjektive

Adjektive dienen der Beschreibung von Eigenschaften. Diese lassen sich auch miteinander vergleichen. Das Lateinische kennt – wie das Deutsche – drei Stufen des Vergleichs (der **Komparation**):
- **Positiv** (< lat. *ponere, pono, posui,* **positum** *setzen, legen, stellen*: Grundstufe)
- **Komparativ** (< lat. **comparare** *vergleichen*: Höher-, Steigerungs- oder Vergleichsstufe)
- **Superlativ** (< lat. **super** *darüber* und lat. *ferre, fero, tuli,* **latum** *tragen, bringen*: Höchststufe)

Positiv	*hoch*	altus	*schnell*	celer
Komparativ	*höher*	altior	*schneller*	celerior
Superlativ	*am höchsten*	altissimus	*am schnellsten*	celerrimus

§ 41 Der Komparativ

Der **Komparativ** wird gebildet, indem an den Wortstock das Suffix *-ior* (m. und f.) bzw. *-ius* (n.) angehängt wird:

long-ior, long-ius
pulchr-ior, pulchr-ius
acr-ior, acr-ius
felic-ior, felic-ius

Die Deklination erfolgt nach dem Muster der **3. Deklination** (vgl. § 32).

	Singular			Plural		
	m.	f.	n.	m.	f.	n.
Nom.	altior	altior	altius	altiōr-**ēs**	altiōr-**ēs**	altiōr-**a**
Gen.	altiōr-**is**	altiōr-**is**	altiōr-**is**	altiōr-**um**	altiōr-**um**	altiōr-**um**
Dat.	altiōr-**ī**	altiōr-**ī**	altiōr-**ī**	altiōr-**ibus**	altiōr-**ibus**	altiōr-**ibus**
Akk	altiōr-**em**	altiōr-**em**	altius	altiōr-**ēs**	altiōr-**ēs**	altiōr-**a**
Abl.	altiōr-**e**	altiōr-**e**	altiōr-**e**	altiōr-**ibus**	altiōr-**ibus**	altiōr-**ibus**

§ 42 Der Superlativ

Der Superlativ wird wie die Adjektive der **a-/o-Deklination** gebeugt.
Der Superlativ von Adjektiven wird meist gebildet, indem an den Wortstock das Suffix *-issimus, -a, -um* tritt.

Positiv	Superlativ	Bedeutung
longus	longissimus	sehr lang, der längste …
fortis	fortissimus	sehr tapfer, der tapferste …
felix	felicissimus	sehr glücklich, der glücklichste …

Bei den Adjektiven auf *-er* wird dagegen ohne Beachtung des Wortstocks das Suffix *-rimus, -rima, -rimum* angehängt:

Positiv	Superlativ	Bedeutung
celer	celerrimus	sehr schnell, der schnellste …
miser	miserrimus	sehr unglücklich, der unglücklichste …

Bei einigen Adjektiven auf *-lis* wird das Suffix *-limus, -lima, -limum* an den Wortstock angehängt, z. B.:

Positiv	Superlativ	Bedeutung
similis	simillimus	sehr ähnlich, der ähnlichste …
difficilis	difficillimus	sehr schwierig, der schwierigste …

§ 43 Die Verwendung von Komparativ und Superlativ

Die Verwendung des Komparativs und Superlativs im Lateinischen entspricht im Wesentlichen der im Deutschen.

    Hercules laborem   gravem / graviorem / gravissimum   subiit.

    Herkules nahm   eine schwere / eine schwerere / die schwerste   Arbeit auf sich.

1. Der Komparativ mit Vergleich

Wenn beim Komparativ zwei Gegenstände, Sachverhalte oder Personen verglichen werden, geschieht das
- entweder mit Hilfe der Vergleichspartikel *quam* *als*
- oder unter Verwendung eines **Ablativs des Vergleichs** (*Ablativus comparationis*; vgl. § 78).

    Hercules laborem graviorem subiit   **quam Theseus.**
    Hercules laborem graviorem subiit   **Theseo.**
    Herkules nahm eine schwerere Arbeit auf sich   **als Theseus.**

2. Der Komparativ ohne Vergleich

Wenn beim Komparativ ein expliziter Vergleichspunkt nicht angegeben wird und auch nicht aus dem Kontext zu erschließen ist, bietet sich eine Übersetzung mit *ziemlich* oder *(all)zu* an:

    Hercules laborem **graviorem** subiit.
    Herkules nahm eine ziemlich schwere Arbeit auf sich.

3. Der Superlativ im engeren Sinn

Der Superlativ bezeichnet im Lateinischen und im Deutschen den höchsten Grad der Steigerung.

    Hercules laborem **gravissimum** subiit.
    Herkules nahm die schwerste Arbeit auf sich.

4. Der Superlativ als Elativ

Wenn beim Superlativ nicht eine höchste Stufe, sondern nur eine sehr hohe Stufe angegeben werden soll, übersetzt man mit Hilfe von *sehr*, *äußerst* oder *höchst* (sog. **Elativ**):

> Hercules laborem **gravissimum** subiit.
> *Herkules nahm eine **sehr schwere** Arbeit auf sich. (aber eben nicht die schwerste!)*

5. Der Superlativ mit *quam*, *vel*, *longe*

Der Superlativ kann im Lateinischen durch folgende Zusätze verstärkt werden:

	Beispiel	Bedeutung
quam	quam gravissimus	möglichst schwer, so schwer wie möglich
vel	vel gravissimus	wohl der schwerste …, sogar der schwerste …
longe	longe gravissimus	weitaus der schwerste …, bei weitem der schwerste …

> Eurystheus Herculi labores **quam gravissimos** imposuit.
> *Eurystheus erlegte dem Herkules **möglichst schwere** Arbeiten auf.*

§ 44 Unregelmäßige Steigerungsformen

Ebenso wie im Deutschen (z. B. *viel – mehr – am meisten*) gibt es auch im Lateinischen unregelmäßige Steigerungsformen. Diese müssen beim Wortschatz mitgelernt werden.

Positiv		Komparativ		Superlativ	
bonus	gut	melior	besser	optimus	der beste …
malus	schlecht	peior	schlechter	pessimus	der schlechteste …
magnus	groß	maior	größer	maximus	der größte …
parvus	klein	minor	kleiner	minimus	der kleinste …
multum	viel	plus	mehr	plurimum	am meisten …
multi	viele	plures, plurium	mehr	plurimi	die meisten …

Bei einigen Adjektiven fehlt der Positiv, die übrigen Steigerungsformen gibt es, z. B.:

	Komparativ		Superlativ	
(supra *oberhalb*)	superior	der obere/ frühere …	summus supremus	der oberste/ höchste/letzte …
(pro *vor*)	prior	der vordere …	primus	der erste …

Pronomina (§ 45 – § 53)

Es gibt im Deutschen wie im Lateinischen **Pronomina**, die als »Stellvertreter« anstelle eines Nomens (lat. *pro nomine*) stehen und dieses ersetzen oder begleiten.

Herkules ist tapfer.
Er *kämpft gegen den Löwen.* *Personalpronomen als Ersatz eines Substantivs*
Dieser *Löwe wird besiegt.* *Demonstrativpronomen als Begleiter eines Substantivs*

§ 45 Übersicht über die verschiedenen Pronomina

Man unterscheidet:
- **Personalpronomina** (persönliche Fürwörter): z. B. *ich, du, er, sie, es; sich*
- **Possessivpronomina** (besitzanzeigende Fürwörter): z. B. *mein, dein, sein*
- **Demonstrativpronomina** (hinweisende Fürwörter): z. B. *dieser, jener*
- **Interrogativpronomina** (fragende Fürwörter): z. B. *wer?, welcher?*
- **Relativpronomina** (bezügliche Fürwörter): z. B. *(derjenige), der/welcher*
- **Indefinitpronomina** (unbestimmte Fürwörter): z. B. *irgendeiner*

§ 46 Personalpronomina

Im Lateinischen werden die **Personalpronomina** im Nominativ nur bei starker Betonung gesetzt.

Herkules zu Eurystheus:
Ego *leonem vincam,* **tu** *hic manebis.*
Ich *werde den Löwen besiegen,* **du** *wirst hier warten.*

1. und 2. Person

	Singular		Plural	
Nom.	ego	ich	nōs	wir
Dat.	mihi	mir	nōbīs	uns
Akk.	mē	mich	nōs	uns
Abl.	ā mē	von mir	ā nōbīs	von uns
	mēcum	mit mir	nōbīscum	mit uns

	Singular		Plural	
Nom.	tū	du	vōs	ihr
Dat.	tibi	dir	vōbīs	euch
Akk.	tē	dich	vōs	euch
Abl.	ā tē	von dir	ā vōbīs	von euch
	tēcum	mit dir	vōbīscum	mit euch

Die Genitive kommen nur selten vor, z. B.:

quis nostrum?   *wer von uns?*
nemo vestrum   *keiner von euch*
memoria tui   *die Erinnerung an dich*

3. Person

Bei der 3. Person unterscheidet das Lateinische – ebenso übrigens wie das Deutsche – zwischen **reflexivem** (rückbezüglichem) und **nicht-reflexivem** Gebrauch:

a) reflexiver Gebrauch

	Singular		Plural	
Nom.	–	–	–	–
Gen.	suī	seiner, ihrer	suī	ihrer
Dat.	sibi	sich	sibi	sich
Akk.	sē	sich	sē	sich
Abl.	ā sē	von sich	ā sē	von sich
	sēcum	mit sich	sēcum	mit sich

Auffallend ist in beiden Sprachen (man beachte für das Deutsche nur im Gen. eine mögliche Abweichung) die Übereinstimmung von Singular und Plural.

Sus(u)-Regel:
Das Reflexivpronomen *(s…, su…)* greift (meist) das **Su**bjekt auf.

Hercules et Iolaus **sibi** gloriam parant.
Herkules und Jolaos erwerben **sich** *Ruhm.*

b) Nicht-reflexiver Gebrauch

Beim nicht-reflexiven Gebrauch werden die Formen des Demonstrativpronomens *is, ea, id* verwendet. Die Tabelle ist in § 48 zu finden.

Eurystheus Herculem et Iolaum odit et **eis** labores parat.
Eurystheus hasst Herkules und Jolaos und bereitet **ihnen** *Arbeiten.*

§ 47 Possessivpronomina

Possessivpronomina werden wie Adjektive der a-/o-Deklination dekliniert.

1. Übersicht über die Personen

Man unterscheidet auch hier 1., 2. und 3. Person, wobei in der 3. Person wieder zwischen **reflexivem** und **nicht-reflexivem** Gebrauch unterschieden werden muss.

	1. Person	2. Person	3. Person (reflexiv)	3. Person (nicht-reflexiv)
Sg.	meus, mea, meum (Vok. mī)	tuus, tua, tuum	suus, sua, suum	ersetzt durch eius (Gen. von is, ea, id)
	mein	dein	sein; ihr	dessen, deren; sein, ihr
Pl.	noster, nostra, nostrum	vester, vestra, vestrum	suus, sua, suum	eōrum, eārum, eōrum
	unser	euer	ihr	deren; ihr

Auffallend ist auch hier wieder die Übereinstimmung von Singular und Plural in der 3. Person bei der reflexiven Verwendung.

2. Reflexiver und nicht-reflexiver Gebrauch in der 3. Person

Bei der 3. Person unterscheidet das Lateinische zwischen **reflexivem** (rückbezüglichem) und **nicht-reflexivem** Gebrauch:

reflexiv

Hercules gloriam **suam** auget.
*Herkules vergrößert **seinen (eigenen)** Ruhm.*

nicht-reflexiv

Etiam Eurystheus gloriam **eius** auget.
*Auch Eurystheus vergrößert **dessen** Ruhm (Herkules ist gemeint!).*

3. Die Verwendung der Possessivpronomina

Insgesamt ist im Lateinischen die Verwendung des **Possessivpronomens** viel seltener als im Deutschen. Es wird nicht gesetzt, wenn die Zugehörigkeit ohnehin klar ist. Im Deutschen darf dann ein passendes Possessivpronomen eingefügt werden.

Hercules non solum manibus utitur.
*Herkules gebraucht nicht nur **seine** Hände.*

Folgende substantivierte Formen des Possessivpronomens sind häufig:

nostri, -orum	die Unseren, die Unsrigen (d. h. unsere Leute, Angehörige, Landsleute)
sui, -orum	die Seinen, die Seinigen; die Ihren, die Ihrigen
mea, -orum	mein Besitz, mein Eigentum (d. h. meine Sachen)

Das Possessivpronomen steht in KNG-Kongruenz zum Bezugswort. Man kann also aus dem Genus eines Possessivpronomens keine Rückschlüsse auf das Geschlecht des Besitzers ziehen:

Jupiter (männlich!) zu Herkules:
>>Filia **mea** te adiuvabit.<<
>>*Meine Tochter wird dir helfen.*<<

§ 48 Demonstrativpronomina

		hic, haec, hoc *dieser*			**iste**, ista, istud *dieser (da)*		
		m.	f.	n.	m.	f.	n.
Nom.	Singular	hic	haec	hoc	iste	ista	istud
Gen.		huius	huius	huius	istīus	istīus	istīus
Dat.		huic	huic	huic	istī	istī	istī
Akk.		hunc	hanc	hoc	istum	istam	istud
Abl.		hōc	hāc	hōc	istō	istā	istō
Nom.	Plural	hī	hae	haec	istī	istae	ista
Gen.		hōrum	hārum	hōrum	istōrum	istārum	istōrum
Dat.		hīs	hīs	hīs	istīs	istīs	istīs
Akk.		hōs	hās	haec	istōs	istās	ista
Abl.		hīs	hīs	hīs	istīs	istīs	istīs

		ille, illa, illud *jener*			**is**, ea, id *dieser*		
		m.	f.	n.	m.	f.	n.
Nom.	Singular	ille	illa	illud	is	ea	id
Gen.		illīus	illīus	illīus	eius	eius	eius
Dat.		illī	illī	illī	ei	ei	ei
Akk.		illum	illam	illud	eum	eam	id
Abl.		illō	illā	illō	eō	eā	eō
Nom.	Plural	illī	illae	illa	iī (eī)	eae	ea
Gen.		illōrum	illārum	illōrum	eōrum	eārum	eōrum
Dat.		illīs	illīs	illīs	iīs (eīs, īs)	iīs (eīs, īs)	iīs (eīs, īs)
Akk.		illōs	illās	illa	eōs	eās	ea
Abl.		illīs	illīs	illīs	iīs (eīs, īs)	iīs (eīs, īs)	iīs (eīs, īs)

		ipse, ipsa, ipsum *selbst*			īdem, éadem, idem *derselbe*		
		m.	f.	n.	m.	f.	n.
Nom.	Singular	ipse	ipsa	ipsum	īdem	éadem	idem
Gen.		ipsīus	ipsīus	ipsīus	eiusdem	eiusdem	eiusdem
Dat.		ipsī	ipsī	ipsī	eīdem	eīdem	eīdem
Akk.		ipsum	ipsam	ipsum	eundem	eandem	idem
Abl.		ipsō	ipsā	ipsō	eōdem	eādem	eōdem
Nom.	Plural	ipsī	ipsae	ipsa	iīdem[23]	eaedem	éadem
Gen.		ipsōrum	ipsārum	ipsōrum	eōrundem	eārundem	eōrundem
Dat.		ipsīs	ipsīs	ipsīs	iīsdem[23]	iīsdem	iīsdem
Akk.		ipsōs	ipsās	ipsa	eōsdem	eāsdem	éadem
Abl.		ipsīs	ipsīs	ipsīs	iīsdem[23]	iīsdem	iīsdem

Demonstrativpronomina haben im Gen. Sg. die Endung *-ius*, im Dat. Sg. die Endung *-i*.

1. Das Pronomen hic, haec, hoc

Das Pronomen *hic, haec, hoc dieser, diese, dieses* verweist auf Personen und Dinge, die dem Sprecher räumlich oder zeitlich nahe sind.

> Hercules: »**His** manibus Cerberum mecum duco.«
> *Herkules:* »**Mit diesen (meinen)** *Händen führe ich Zerberus mit mir.*«

2. Das Pronomen iste, ista, istud

Das Pronomen *iste, ista, istud dieser (da), diese (da), dieses (da)* verweist auf Personen und Dinge, die dem Sprecher räumlich oder zeitlich nahe sind. Dieses Pronomen hat manchmal einen negativen oder verächtlichen Unterton.

> Amicus: »**Istis** manibus Hydram superas.«
> *Der Freund sagt:* »**Mit diesen (deinen)** *Händen überwindest du die Hydra.*«

Herkules sagt angesichts des stinkenden Stalls des Augias:

> »**Istum** laborem non amo.«
> »**Diese** *Arbeit* **(da)** *liebe ich nicht.*«

---

15 Neben *iīdem* und *iīsdem* existieren auch die Formen *eīdem* bzw. *īdem* und *eīsdem* bzw. *īsdem*.

3. Das Pronomen *ille, illa, illud*

Das Pronomen *ille, illa, illud* jener, jene, jenes verweist auf Personen und Dinge, die dem Sprecher räumlich oder zeitlich fern sind.

> Hercules: »**Illa** monstra interfeci.«
> Herkules: »**Jene** Monster tötete ich.«

Hic, ille, iste »zeigen« immer auf Gegenstände oder Personen, während *is* nur innerhalb eines Textes auf Nahestehendes verweist.

4. Das Pronomen *is, ea, id*

Das Pronomen *is, ea, id* dieser, diese, dieses verweist innerhalb eines Textes auf bereits Erwähntes oder auf einen folgenden Relativ- oder Konsekutivsatz.

> Hercules **Cerberum** vicit. **Eum** secum duxit.
> Herkules besiegte **Zerberus**. Er führte **diesen** mit sich.

> Hercules **id** egit, **quod** Eurystheus imperaverat.
> Herkules führte **das** aus, **was** Eurystheus befohlen hatte.

> Hercules **ea** celeritate per silvas cucurrit, **ut** aper effugere non posset.
> Herkules rannte mit einer **solchen** Schnelligkeit durch die Wälder, **dass** der Eber nicht entkommen konnte.

5. Das Pronomen *ipse, ipsa, ipsum*

Das Pronomen *ipse, ipsa, ipsum* selbst, persönlich dient der starken Hervorhebung des Bezugswortes.

Im Deutschen ist häufig eine freiere Wiedergabe besser, z. B. *schon, sogar, gerade, genau, eben, persönlich, unmittelbar, allein* o. Ä.

> Hercules filius Iovis **ipsius** erat.
> Herkules war ein Sohn des Jupiter **selbst**.

> Eurystheus **ipsum** aspectum apri timuit.
> Eurystheus fürchtete **schon** den Anblick des Ebers.

> Hercules hac **ipsa** nocte profectus est.
> Herkules brach **genau** in dieser Nacht auf.

6. Das Pronomen *īdem, éadem, idem*

Das Pronomen *idem, éadem, idem* derselbe, dieselbe, dasselbe; der gleiche, die gleiche, das gleiche bezeichnet eine Identität oder zumindest eine sehr große Ähnlichkeit mehrerer Personen oder Sachen. Die verglichenen Personen oder Gegenstände werden mit *atque* oder *ac* angeführt. Alternativ ist auch ein Relativsatz möglich (vgl. § 109,1).

> Hercules **eādem** nocte profectus est.
> Herkules brach in **derselben** Nacht auf.

Hercules non **idem** fecit **atque** Theseus.
Hercules non **idem** fecit **quod** Theseus.
Herkules machte nicht dasselbe wie Theseus.

Der Plural des Neutrums

Im Neutrum Plural haben Demonstrativpronomina häufig eine verallgemeinernde Bedeutung. Man ergänzt beim Übersetzen *Dinge* oder *Sachen* oder setzt das deutsche Pronomen in den Singular.

Vorsicht: Dabei ändert sich möglicherweise auch der Numerus des Prädikats.

Haec ab Hercule perfecta **sunt**.
Diese Dinge sind *von Herkules vollbracht worden.*
Dies ist *von Herkules vollbracht worden.*

§ 49 Interrogativpronomina

Interrogativpronomina gibt es – wie im Deutschen – substantivisch und adjektivisch.
Bei der substantivischen Verwendung sind in beiden Sprachen das Maskulinum und Femininum identisch. Zudem gibt es für Singular und Plural jeweils nur eine Form:

Quis hunc laborem subiit?
Wer *(eine Person oder mehrere?) nahm diese Arbeit auf sich?*

	quis, quid? *wer, was?*	
	substantivisch	
	m./f.	n.
Nom.	quis	quid
Gen.	cuius	
Dat.	cui	
Akk.	quem	quid
Abl.	(ā) quō	

		quī, quae, quod? *welcher, welche, welches?*		
		adjektivisch		
		m.	f.	n.
Singular	Nom.	quī	quae	quod
	Gen.	cuius	cuius	cuius
	Dat.	cui	cui	cui
	Akk.	quem	quam	quod
	Abl.	(ā) quō	(ā) quā	quō
Plural	Nom.	quī	quae	quae
	Gen.	quōrum	quārum	quōrum
	Dat.	quibus	quibus	quibus
	Akk.	quōs	quās	quae
	Abl.	(ā) quibus	(ā) quibus	quibus

Quid Hercules subiit?
Was *nahm Herkules auf sich?*

Quem laborem ille subiit?
Welche *Arbeit nahm jener auf sich?*

§ 50 Relativpronomina

1. Einfache Relativpronomina

Das **Relativpronomen** *qui*, *quae*, *quod* nimmt ein vorher genanntes (oder gedachtes) Bezugswort wieder auf.

	qui, quae, quod *der*, *die*, *das*; **welcher**, *welche*, *welches*					
	Singular			Plural		
	m.	f.	n.	m.	f.	n.
Nom.	quī	quae	quod	quī	quae	quae
Gen.	cuius	cuius	cuius	quōrum	quārum	quōrum
Dat.	cui	cui	cui	quibus	quibus	quibus
Akk.	quem	quam	quod	quōs	quās	quae
Abl.	quō	quā	quō	quibus	quibus	quibus

Hercules **eum laborem** subiit, **quem** Eurystheus mandaverat.
Herkules nahm **diese Arbeit** *auf sich,* **die** *Eurystheus aufgetragen hatte.*

2. Verallgemeinernde Relativpronomina

Neben dem einfachen Relativpronomen gibt es **verallgemeinernde Relativpronomina**:

subst.

    quisquis   *wer auch immer; jeder, der*
    quidquid   *was auch immer; alles, was*

    Quidquid Eurystheus imperavit, …
    Was auch immer *Eurystheus befahl,* …
    Alles, was *Eurystheus befahl,* …

adj. (meist)

    quīcumque, quaecumque, quodcumque   *welcher auch immer, … (im Plural auch: alle, die …)*

    Quoscumque labores Hercules subiit, …
    Welche *Arbeiten* **auch immer** *Herkules auf sich nahm,* …
    Alle *Arbeiten,* **die** *Herkules auf sich nahm,* …

§ 51 Indefinitpronomina

Unter den **Indefinitpronomina** versammeln sich einige Pronomina, die Personen oder Gegenstände bezeichnen, über die der Sprecher keine genaue Aussage treffen kann oder will.

Es gibt sowohl die substantivische als auch die adjektivische Verwendung.

1. Die Pronomina *aliquis* und *aliqui*

Das Pronomen *aliquis, aliquid irgendjemand, irgendetwas* wird substantivisch, *aliquī, aliqua, aliquod irgendein, irgendeine, irgendein* adjektivisch verwendet.

	substantivisch			adjektivisch		
	m./f.	n.		m.	f.	n.
Nom.	aliquis	aliquid	Nom.	aliquī	aliqua	aliquod
Gen.	alicuius	alicuius reī	Gen.	alicuius	alicuius	alicuius
Dat.	alicui	alicui reī	Dat.	alicui	alicui	alicui
Akk.	aliquem	aliquid	Akk.	aliquem	aliquam	aliquod
Abl.	aliquō	aliquā rē	Abl.	aliquō	aliquā	aliquō
			Nom.	aliquī	aliquae	aliqua
			Gen.	aliquōrum	aliquārum	aliquōrum
			Dat.	aliquibus	aliquibus	aliquibus
			Akk.	aliquōs	aliquās	aliqua
			Abl.	aliquibus	aliquibus	aliquibus

(Singular / Plural)

a) Indefinitpronomina in bejahenden und verneinenden Sätzen

Das Lateinische wählt je nach Satzinhalt unterschiedliche Pronomina: In bejahenden Sätzen werden *aliquis* (subst.) und *aliquī* (adj.) verwendet, in verneinenden Sätzen *quisquam* (subst.) und *ūllus* (adj.).

b) Das Pronomen *aliquis* nach bestimmten Subjunktionen

Nach den Subjunktionen *sī, nisi, nē, num, quō, quandō, quantō, ubi, cum* stehen meist die Formen ohne *ali-*.

> Eurystheus operam dat, ne **quod** periculum Hercules effugiat.
> *Eurystheus gibt sich Mühe, dass Herkules nicht **irgendeiner** (= **keiner**) Gefahr entkommt.*

2. Das Pronomen *quīdam*

Das Pronomen *quīdam, quaedam, quiddam ein gewisser, eine gewisse, ein gewisses/etwas* wird substantivisch, *quīdam, quaedam, quoddam ein gewisser, eine gewisse, ein gewisses* wird adjektivisch verwendet.

		substantivisch			adjektivisch		
		m.	f.	n.	m.	f.	n.
Singular	Nom.	quīdam	quaedam	**quiddam**	quīdam	quaedam	**quoddam**
	Gen.	cuiusdam	cuiusdam	cuiusdam	cuiusdam	cuiusdam	cuiusdam
	Dat.	cuidam	cuidam	cuidam	cuidam	cuidam	cuidam
	Akk.	quendam	quandam	**quiddam**	quendam	quandam	**quoddam**
	Abl.	quōdam	quādam	quōdam	quōdam	quādam	quōdam
Plural	Nom.	quīdam	quaedam	quaedam	quīdam	quaedam	quaedam
	Gen.	quōrundam	quārundam	quōrundam	quōrundam	quārundam	quōrundam
	Dat.	quibusdam	quibusdam	quibusdam	quibusdam	quibusdam	quibusdam
	Akk.	quōsdam	quāsdam	quaedam	quōsdam	quāsdam	quaedam
	Abl.	quibusdam	quibusdam	quibusdam	quibusdam	quibusdam	quibusdam

Im Plural hat das Pronomen meist die Bedeutung *einige*, *manche*.

Quidam Herculem deum esse dicunt.
Manche *sagen, dass Herkules ein Gott ist.*

3. Das Pronomen *quisque* (auch *unusquisque*)

Mit dem Pronomen wird innerhalb einer Gesamtheit jeder einzelne Teil bzw. jede einzelne Person betont.

| subst.: | quisque, quidque | *jede(r), jedes* |
| Dekl.: | cuiusque, cuique, … (nur Sg.!) | |

| adj.: | quisque, quaeque, quodque | *jeder, jede, jedes* |
| Dekl.: | cuiusque, cuique, … | |

4. Die Pronomina *nēmō* und *nūllus*

Das Pronomen *nēmō niemand* ist entstanden aus *ne-hemō* (~ *homō*), also: *kein Mensch*; *nihil nichts* ist entstanden aus *ne-hīlum keine Faser*.

Das Pronomen *nēmō*, *nihil niemand/keiner, nichts* wird substantivisch, *nūllus*, *nūlla*, *nūllum keiner, keine, kein* wird adjektivisch verwendet (vgl. § 53).

In der Deklination von *nēmō*, *nihil* sind einige Formen durch solche von *nūllus* ersetzt.

	substantivisch		adjektivisch		
	m./f.	n.	m.	f.	n.
Nom.	nēmō	nihil	nūllus	nūlla	nūllum
Gen.	**nūllīus**	**nūllīus reī**	nūllīus	nūllīus	nūllīus
Dat.	nēminī	**nūllī reī**	nūllī	nūllī	nūllī
Akk.	nēminem	nihil	nūllum	nūllam	nūllum
Abl.	(ā) nūllō	nūllā rē	nūllō	nūllā	nūllō

Grundlagen des lateinischen Satzes

§ 52 Spezialfall »Zweizahl«

Das Lateinische kennt – im Unterschied zum Deutschen – einige Pronomina, die speziell dann verwendet werden, wenn es um zwei Personen oder Sachen geht. Das Deutsche behilft sich mit der Ergänzung *von beiden* bzw. *von zweien*.

uter? utra? utrum?	wer (von zweien)?, …
utérque, utráque, utrúmque	jeder (von beiden), …
ambo, ambae, ambo	beide
néuter, néutra, néutrum	keiner (von beiden), …
alter, altera, alterum	der eine (von beiden), …
alter … alter	der eine … der andere

§ 53 Pronominaladjektive

Wie der Name schon sagt, sind dies Wörter, die weder eindeutig zu den Pronomina noch eindeutig zu den Adjektiven gehören.

Sie bilden den Gen. und Dat. Sg. wie Pronomina: Gen. Sg.: *-īus*, Dat. Sg. *-ī*. Den fehlenden Gen. Sg. von *alius* (er wäre mit dem Nom. verwechselbar) vertritt *alterīus*, im Dat. Sg. gibt es sowohl *alterī* als auch *aliī*.

ūnus, -a, -um	einer, …
ūllus, -a, -um	irgendeiner, …
nūllus, -a, -um	keiner, …
alius, -a, -ud	ein anderer, …
sōlus, -a, -um	allein, …
tōtus, -a, -um	ganz, …

ūnus, sōlus, tōtus, ūllus,
uter, alter, neuter, nūllus,
alius, ipse fordern alle
-īus in dem zweiten Falle.
Doch im dritten setzt man sie
stets mit einem langen *-ī*.

Nomina | 71

Ähnlichkeiten zwischen dem Lateinischen und dem Deutschen (§ 54 – § 110)

Der einfache Satz (§ 54 – § 55)

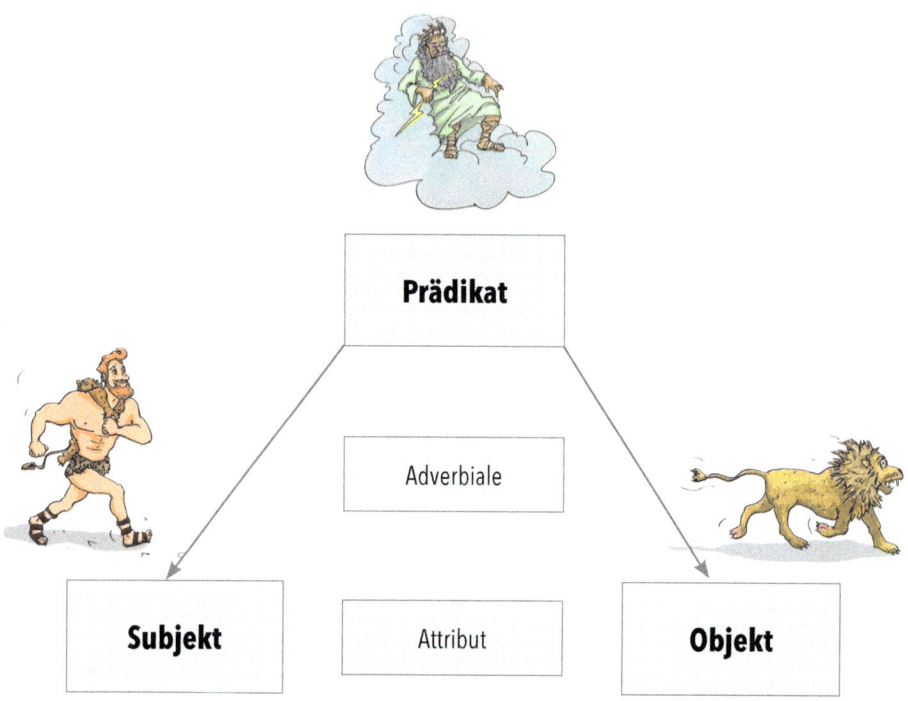

§ 54 Die PSO-Regel in Aussagesätzen: Prädikat – Subjekt – Objekt

1. Das Prädikat (P) als Zentrum des Satzes

Das **Prädikat** (die Satzaussage) regiert den Satz, da es die Hauptinformation »**WAS PASSIERT?**« trägt. Im Lateinischen kann sogar das Prädikat allein einen vollständigen Satz bilden. In diesem besonderen Fall ist das Subjekt im Prädikat enthalten. Die Endungen der finiten Verbalformen zeigen das Subjekt an.

Vinco.	Ich siege.
Vincis.	Du siegst.

2. Prädikat und Subjekt (PS) – eine untrennbare Einheit

In den meisten Fällen nimmt das Prädikat aber ein Subjekt zu sich. Der einfache Satz besteht somit aus Prädikat und Subjekt. Das Subjekt wird i. d. R. durch ein Nomen ausgedrückt. Das Subjekt steht im **Nominativ** und gibt darüber Auskunft, »**WER oder WAS**« die durch das Prädikat angegebene Handlung ausführt.

Subjekt	Prädikat
Hercules	vincit.
	1. WAS PASSIERT?
	Er/sie/es siegt.
2. WER oder WAS siegt?	
Hercules	*siegt.*

Das Subjekt ist auf das Prädikat abgestimmt, d. h. es richtet sich in **Numerus** und **Genus** nach dem Prädikat. Zwischen Prädikat und Subjekt muss **Kongruenz** (Übereinstimmung) bestehen.

Hercules		vincit.
Hercules		fortis **est**.
Subjekt im Singular	←	Prädikat im Singular
Homines		vincu**nt**.
Homines		fortes **sunt**.
Subjekt im Plural	←	Prädikat im Plural

Die Wortstellung ist im Lateinischen frei. Zwar steht das Prädikat oft am Ende des Satzes (bzw. Teilsatzes), doch ist dies keineswegs verpflichtend.

Ein Sonderfall ist das Prädikat *esse sein*. Hier ist eine Ergänzung durch ein substantivisches oder adjektivisches Prädikatsnomen notwendig.

Hercules est …	*Herkules ist …?*
Hercules **deus** est.	*Herkules ist **ein Gott**.*
Hercules **fortis** est.	*Herkules ist **tapfer**.*

3. Das Objekt als Ergänzung (PSO)

Meist wird die Handlung des Satzes durch das Prädikat allein (in Verbindung mit dem Subjekt) nicht vollständig zum Ausdruck gebracht. Die Verbindung Prädikat – Subjekt benötigt dann eine Ergänzung. Das **Objekt** ergänzt die Verbalhandlung. Das Objekt kann in verschiedenen Kasus erscheinen.

Im **Akkusativ** gibt das Objekt Antwort auf die Frage »**WEN oder WAS?**«.

Hercules … vincit.	*Herkules besiegt … **WEN oder WAS?***
Hercules **bestias** vincit.	*Herkules besiegt **die wilden Tiere**.*

§ 55 Die PSO-Regel in Fragesätzen

Die Regeln des lateinischen Satzes gelten unverändert auch für Fragesätze. Im Lateinischen ist keine Umstellung (Inversion) innerhalb des Satzes notwendig, sodass zwar durch Satzzeichen und Intonation, nicht aber durch die Wortstellung erkennbar ist, ob ein Frage- oder ein Aussagesatz vorliegt. Wie auch im Deutschen wird zwischen **Wort- und Satzfragen** unterschieden.

1. Wortfragen

Wie im Deutschen werden **Wortfragen** durch substantivische oder adjektivische **Fragewörter** (*quis?*, *quid?*, *quando?*, *quomodo?* etc.) eingeleitet und können prinzipiell durch ein Wort/eine Wortgruppe beantwortet werden.

Quis bestias vicit? - **Hercules**.
Wer *hat die wilden Tiere besiegt?* - (Der) Herkules.

Quem homines admirantur? - **Herculem**.
Wen *bewundern die Menschen?* - (Den) Herkules.

Quas bestias Hercules pepulit? - **Aves stymphalicas**.
Welche Tiere *hat Herkules vertrieben?* - Die stymphalischen Vögel.

2. Satzfragen

Bei **Satzfragen** ist der ganze Satz in Frageform gestellt. Dabei gibt es echte Fragen oder rhetorische Fragen.

a) Entscheidungsfragen und rhetorische Fragen

Da im Lateinischen Frage- und Aussagesätze nicht durch die Wortstellung erkennbar sind, zeigen **Fragepartikeln** die Frage an und geben (manchmal) sogar Auskunft darüber, welche Antwort der Fragende erwartet:

num	-ne (an das erste Wort angefügt)	nonne
Num heri Herculem vidisti? *Hast du gestern **etwa** Herkules gesehen?*	Vidisti**ne** heri Herculem? *Hast du gestern Herkules gesehen?*	**Nonne** heri Herculem vidisti? *Hast du gestern **(etwa) nicht** Herkules gesehen?*
Nein → rhetorische Frage	Ja oder nein → echte Frage	Ja → rhetorische Frage

b) Wahlfragen

Zu den Satzfragen zählen auch die **Wahlfragen**; sie sind echte Fragen und werden eingeleitet durch:

utrum ... an	-ne ... an	- ... an
Utrum venis **an** abis?	Venis**ne an** abis?	Venis **an** abis?
Kommst du **oder** gehst du weg?		

Die einzelnen Kasus und ihre Verwendung (§ 56 – § 85)

Der Nominativ [und der Vokativ] (§ 56 – § 58)

§ 56 Der Nominativ als Subjekt

Der **Nominativ** (< lat. **nominare** *benennen*) ist i. d. R. das Subjekt des Satzes und gibt darüber Auskunft, »**WER oder WAS**« die durch das Prädikat angegebene Handlung ausführt oder an wem diese ausgeführt wird.

Subjekt	
Hercules	capit.
Herkules	*fängt.*

§ 57 Der Nominativ in prädikativer Verwendung

1. Prädikativum beim Vollverb

Manchmal wird ein Nominativ jedoch nicht als Subjekt verwendet, sondern als **Prädikativum**, das sowohl das Subjekt als auch die Satzaussage näher erklärt. Im Deutschen bietet sich die Übersetzung mit *als …* an. Ein Kennzeichen dafür, dass ein Prädikativum vorliegt, ist oftmals, wenn **zwei unverbundene Nominative** in einem Satz vorliegen.

Hercules **deus** colitur.
Herkules wird als Gott verehrt.

Hercules **puer** serpentes interfecit.
Herkules hat als Junge die Schlangen getötet.

Diese Prädikativa enthalten häufig Altersangaben oder Amtsbezeichnungen, geben einen psychischen Zustand an oder dienen allgemein der Hervorhebung.
Da einige dieser Prädikativa sehr häufig vorkommen, lohnt es sich, diese auswendig zu kennen:

puer/iuvenis/senex	als Knabe/als junger Mann/als alter Mann
consul/imperator/victor	als Konsul/Feldherr, Kaiser/Sieger
laetus/tristis/fortis	froh, voll Freude/traurig/tapfer
invitus	ungern, gegen den Willen (von)

solus/unus	*als Einziger, allein*
primus/ultimus	*als Erster, zuerst/als Letzter, zuletzt*
vivus/mortuus	*lebend, zu Lebzeiten/als Toter, nach dem Tode*

Man vergleiche das Lateinische und das Deutsche:
Im Lateinischen werden wegen der in jedem Fall erforderlichen KNG-Kongruenz die attributive und die prädikative Verwendung nicht unterschieden. Im Deutschen hingegen wird bei der Verwendung eines Adjektivs als Attribut dieses flektiert, bei der Verwendung als Prädikativum dagegen nicht.

Hercules **tristis** profectus est.

(Adj. als Attribut)   (Adj. als Prädikativum)
Der **traurige** Herkules brach auf.   Herkules brach **traurig** auf.

2. Prädikatsnomen bei *esse*

Ein Sonderfall des Prädikativums tritt ein, wenn das »Prädikat« eine Form von *esse* ist. In diesem Fall spricht man von einem **Prädikatsnomen**.

Hercules **deus/fortis/filius Iovis** est.
Herkules ist **ein Gott/tapfer/ein Sohn Jupiters**.

Außer *esse* werden auch die folgenden Verben im Passiv mit einem prädikativ gestellten Nomen verbunden (vgl. § 127):

fieri	*(gemacht) werden (zu)*
videri	*scheinen, erscheinen als*
nominari/dici/vocari	*genannt werden*
haberi/putari/duci	*gehalten werden für, gelten als*

§ 58 Der Vokativ

Die lateinische Sprache hat einen eigenen Fall für die Anrede einer Person (< lat. **vocare** *ansprechen, nennen*). Diese Anrede ist losgelöst vom übrigen Satz.

Die Formen entsprechen in den meisten Fällen denen des Nominativs. Nur im Singular der o-Deklination endet der Vokativ auf *-e*. Bei Eigennamen und Substantiven, die auf *-ius* enden, lautet die Endung des Vokativs *-i*.

»**Cerbere**, veni mecum!«
»**Zerberus**, komm mit mir!«

»Facta tua praeclara sunt, **o Hercules**.«
»Deine Taten sind herrlich, **Herkules**.«

»Pare verbis meis, **mi fili**!«
»Gehorche meinen Worten, **mein Sohn**!«

Der Akkusativ (§ 59 – § 63)

Im **Akkusativ** (< lat. **accusare** *anklagen*) der lateinischen Sprache verbinden sich zwei alte Kasus, von denen der eine die Verbalhandlung als **Objekt** ergänzte, während der andere die **Richtung** einer Bewegung aufzeigte.

§ 59 Der Akkusativ als Objekt

Der Akkusativ ergänzt als **Objekt** die Aussage des Prädikats. Er gibt – wie im Deutschen – die Person oder Sache an, auf die sich die Satzaussage richtet. Er gibt dabei meist Antwort auf die Frage »**WEN oder WAS?**«.

Hercules … vincit.　　　　　Hercules **leonem** vincit.
Herkules besiegt **WEN oder WAS**?　*Herkules besiegt* **den Löwen**.

Manche Verben sind zwar im Lateinischen **transitiv** (d.h. sie regieren ein **Akkusativobjekt**), doch lässt sich dies in die deutsche Sprache nicht entsprechend umsetzen. Stattdessen ist bei der Übersetzung ins Deutsche ein anderer Kasus oder ein Präpositionalausdruck zu wählen.

Hercules **leonem** (lat. Akk.) sequitur.
Herkules folgt **dem Löwen** *(dt. Dat.!).*

Bestiae **Herculem** (lat. Akk.) fugiunt.
Die wilden Tiere meiden **(den) Herkules** *(dt. Akk.).*
Die wilden Tiere fliehen **vor (dem) Herkules** *(dt. Präpositionalausdruck!).*

§ 60 Der doppelte Akkusativ

Einige Wörter benötigen neben dem Akkusativobjekt noch **eine prädikative Ergänzung** im Akkusativ, um eine sinnvolle Aussage zu ermöglichen. Diese prädikative Ergänzung ist v. a. bei Verben des Wortfeldes *halten (für)*, *nennen*, *bezeichnen (als)*, *machen (zu)* notwendig. Das prädikativ verwendete Substantiv oder Adjektiv richtet sich (meist) in Numerus und Genus nach dem Akkusativobjekt.

> Homines Herculem **fortem** putant.
> *Die Menschen halten Herkules für* **stark**.

> Homines Herculem **deum** dicunt/appellant/vocant.
> *Die Menschen bezeichnen Herkules als* **Gott**.
> *Die Menschen nennen Herkules* **(einen) Gott**.

Wenn bei diesen Ausdrücken das Prädikat im Passiv steht, wird aus dem doppelten Akkusativ ein **doppelter Nominativ** (vgl. § 127).

> Hercules ab hominibus **fortis** putatur.
> *Herkules wird von den Menschen für* **stark** *gehalten*.

§ 61 Der Akkusativ der räumlichen und zeitlichen Ausdehnung

Der Akkusativ dient im Lateinischen auch der Angabe von Ausdehnungen und übernimmt dabei die Funktion einer **adverbialen Ergänzung**. In Verbindung mit Verben und entsprechenden Adjektiven gibt er Antwort …

… bei Zeitangaben auf die Frage »WIE LANGE?«.

> Hercules **multas horas** cum leone pugnat.
> *Herkules kämpft* **viele Stunden (lang)** *mit dem Löwen*.

> Hercules **dies noctesque** monstrum sequitur.
> *Herkules folgt dem Ungeheuer* **Tag und Nacht**.

… bei räumlichen Angaben auf die Fragen »WIE BREIT?, WIE LANG?, WIE HOCH?, WIE TIEF?, WIE WEIT?«.

> Hercules leonem **decem pedes** altum vincit.
> *Herkules besiegt den* **zehn Fuß** *hohen Löwen*.

§ 62 Der Akkusativ der Beziehung

In dichterischen Texten steht bisweilen der **Akkusativ der Beziehung** (*Accusativus Graecus*). Er dient zur Angabe von persönlichen (meist körperlichen) Merkmalen auf die Frage »**IN WELCHER HINSICHT?**«.

> Hercules **os et umeros** deis similis est.
> *Herkules ähnelt* **in Antlitz und Schultern** *den Göttern*.

§ 63 Der Akkusativ der Richtung

Für **Richtungsangaben** hat die lateinische Sprache drei Möglichkeiten, die alle auf der Funktion des Akkusativs als Richtungsangabe beruhen und über die Frage »WOHIN?« Auskunft geben.

1. Präpositionalausdrücke mit *ad, in*

Aper **in montes** fugit.
Der Eber flieht **in die Berge**.

Hercules praedam **ad Eurystheum regem** portat.
Herkules trägt die Beute **zu König Eurystheus**.

2. Richtungsangaben bei Eigennamen von Städten und kleineren Inseln

Bei Richtungsangaben setzt das Lateinische bei Städten und kleineren Inseln den bloßen Akkusativ, bei größeren Inseln oder Ländernamen hingegen steht zur Verdeutlichung eine Präposition.

Hercules **Corinthum/Romam/Lesbum** venit.
Herkules kommt **nach Korinth/Rom/Lesbos**.

Hercules **in Graeciam/in Italiam** venit.
Herkules kommt **nach Griechenland/nach Italien**.

3. Richtungsangaben im bloßen Akkusativ bei erstarrten Wendungen

Hercules **domum/rus** venit.
Herkules kommt **nach Hause/aufs Land**.

Der Dativ (§ 64 – § 68)

Der lateinische **Dativ** (< lat. *dare, do, dedi, datum geben*) gibt die Person oder Sache an, auf die eine Handlung gerichtet ist. Hiermit kann das **(indirekte) Objekt** der Handlung, aber auch der **Zweck** einer Handlung gemeint sein.

§ 64 Der Dativ als Objekt

Der Dativ ergänzt als **indirektes Objekt** die Aussage des Prädikats. Es gibt – wie im Deutschen – die Person oder Sache an, der sich die Satzaussage zuwendet. Es gibt dabei meist Antwort auf die Frage »WEM?«.

1. Der Dativ bei intransitiven Verben

Bei vielen Verben kann nur ein **Dativobjekt** stehen. Diese Verben nennt man intransitiv:

Hercules ... paret.
Herkules gehorcht **WEM**?

Hercules **Eurystheo regi** paret.
Herkules gehorcht **(dem) König Eurystheus**.

Bei manchen Ausdrücken ist im Deutschen die Umschreibung mit einem Präpositionalausdruck notwendig:

Eurystheus **Herculi** imperat.
Eurystheus befiehlt **dem Herkules**/*herrscht* **über Herkules**.

2. Das Dativobjekt neben einem Akkusativobjekt

Bei vielen Verben steht das **Dativobjekt neben einem Akkusativobjekt**:

Athena **Herculi** consilium dat.
Athene gibt **dem Herkules** *einen Rat*.

3. Unterschiedliche Kasusrektion im Lateinischen und Deutschen

Bei einigen Verben steht im Lateinischen ein Dativobjekt, wohingegen im Deutschen ein Akkusativobjekt steht:

Hercules **bestiis** non parcit.
[wörtl.: Herkules gewährt **den wilden Tieren** *keine Schonung.]*
Herkules verschont **die wilden Tiere** *nicht*.

Folgende Ausdrücke solltest du kennen:

parcere hostibus	*die Feinde (ver-)schonen*
nubere marito	*den Ehemann heiraten (aus Sicht der Frau)*
persuadere civibus	*die Bürger überreden/überzeugen*
praeesse civitati	*dem Staat vorstehen, den Staat leiten, an der Spitze des Staates stehen*
studere saluti	*sich um die Rettung bemühen*

Bei diesen Verben wird das Passiv nur selten gebildet. Es kommt eine umständliche unpersönliche Umschreibung zum Einsatz:

Bestiis ab Hercule non parcitur.
[wörtl.: **Den wilden Tieren** *wird von Herkules keine Schonung gewährt.]*
Die wilden Tiere *werden von Herkules nicht verschont*.

4. Unterschiedliche Kasus – unterschiedliche Bedeutung

Einige lateinische Verben können sowohl ein Dativobjekt als auch ein Akkusativobjekt zu sich nehmen. Da dies unterschiedliche Bedeutungen zur Folge hat, ist bei der Übersetzung Vorsicht geboten:

consulere	amico	für einen Freund sorgen
	oraculum/filium	das Orakel befragen/den Sohn beraten
	in hostes	gegen die Feinde vorgehen
praestare	civibus	den Bürgern voranstehen, die Bürger übertreffen
	officium	die Pflicht leisten/erfüllen/erweisen
providere	hominibus	für die Menschen sorgen
	calamitatem	das Unglück vorhersehen

§ 65 Der Dativ des Vorteils

Der **Dativ des Vorteils** (*Dativus commodi*) bzw. des Nachteils (*Dativus incommodi*) gibt dabei die Person (oder Sache) an, zu deren Vorteil oder Nachteil etwas geschieht. Die Frage ist »**FÜR WEN?**«.

Hercules **hominibus** consulit/providet.
*Herkules sorgt **für die Menschen**.*

§ 66 Der Dativ des Besitzers

Dem Dativ des Vorteils steht der **Dativ des Besitzers** (*Dativus possessoris* o. *Dativus possessivus*) nahe. Denn dieser gibt in Verbindung mit **esse** die Person an, der etwas gehört. Im Deutschen ist eine **freiere Übersetzung** mit *besitzen*, *haben* möglich:

Herculi arma praeclara sunt.
[wörtl.: **(Dem) Herkules** sind herrliche Waffen zu eigen.]
(Dem) Herkules gehören herrliche Waffen.
Herkules besitzt/hat herrliche Waffen.

§ 67 Der Dativ des Zwecks

Der **Dativ des Zwecks** (*Dativus finalis*) gibt an, auf welches Ziel sich eine Handlung richtet. Er gibt Antwort auf die Frage »**WOZU?**«. Meist gibt der Dativ des Zwecks ein sachliches Ziel an, während er durch einen Dativ des Vorteils zur Angabe der begünstigten Person ergänzt wird:

Iuppiter **Herculi** Mercurium **auxilio** mittit.
*Jupiter schickt **dem Herkules** den Merkur **zu Hilfe**.*

Der Dativ des Zwecks wird folgendermaßen verwendet:

1. Der Dativ des Zwecks bei *esse*

Oft wird mit dem Dativ des Zwecks bei *esse* noch ein Dativobjekt verbunden.

> Hercules hominibus **usui est**.
> *[wörtl. Herkules »ist« den Menschen »zum Nutzen«.]*
> *Herkules* **bringt** *den Menschen* **Nutzen/nützt** *den Menschen/ist für die Menschen* **nützlich/von Nutzen**.

Folgende Ausdrücke zum Dativ des Zwecks solltest du kennen:

mihi **usui** est (»es ist mir zum Nutzen«)	*es bringt* mir **Nutzen**, *es nützt* mir
mihi **laudi** est (»es ist mir zum Lob«)	*es bringt* mir **Lob (Ruhm) ein**
mihi **honori** est (»es ist mir zur Ehre«)	*es bringt* mir **Ehre ein**, *es ehrt* mich
mihi **curae** est (»es ist mir zur Sorge«)	*es macht/bereitet* mir **Sorgen** *(im dt. Plural!)*
mihi **cordi** est	*es liegt* mir **am Herzen**

2. Der Dativ des Zwecks nach den Verben *dare, tribuere, vertere*

> Dei Herculi arma **dono** dant.
> *Die Götter geben Herkules die Waffen* **als/zum Geschenk**.

Folgende Ausdrücke solltest du kennen:

dono dare	**als/zum Geschenk** *geben*
vitio dare/tribuere/vertere	**als Fehler** *anrechnen/auslegen*
crimini dare/tribuere/vertere	**zum Vorwurf** *machen*

3. Der Dativ des Zwecks nach einigen militärischen Ausdrücken

> Hercules hominibus saepe **auxilio** venit.
> *Herkules kommt den Menschen oft* **zu Hilfe**.

Folgende Ausdrücke solltest du kennen:

auxilio venire/mittere/arcessere	**zu Hilfe** *kommen/schicken/holen*

§ 68 Der Dativ des Urhebers

Der **Dativ des Urhebers (*Dativus auctoris*)** findet sich häufig in Verbindung mit dem prädikativen Gerundiv. Er gibt an, von wem eine Handlung vollzogen wird bzw. vollzogen werden muss.

> Multa officia **Herculi** praestanda sunt.
> *Viele Aufgaben müssen* **von Herkules** *erfüllt werden*.

Der Genitiv (§ 69 – § 74)

Der lateinische **Genitiv** (< lat. *gignere, gigno, genui, **genitum** erzeugen, hervorbringen*) gibt hauptsächlich als Attribut die Zugehörigkeit zu einer Person oder Sache an, welche er näher bestimmt.

Die ursprüngliche Bedeutung des Genitivs ist die Darstellung einer Zugehörigkeit oder eines Besitzes. Er steht als **Attribut** in Abhängigkeit von einem Nomen und gibt eine genauere Angabe zu einem übergeordneten Begriff. Die Frage danach lautet »**WESSEN?**« oder bisweilen auch »**WAS FÜR EIN?**«.

§ 69 Der Genitiv des Besitzers

Der **Genitiv des Besitzers** (*Genitivus possessoris* o. *Genitivus possessivus*) gibt an, zu wem eine Person oder Sache gehört. Die Frage danach lautet »**WESSEN?**«.

> Hercules filius … est. Hercules filius **Iovis** est.
> *Herkules ist Sohn … **WESSEN** Sohn?* *Herkules ist **Jupiters** Sohn.*

Der Genitiv des Besitzers kann auch **prädikativ** stehen:

> Haec arma **Herculis** sunt.
> *Diese Waffen sind Eigentum des Herkules.*
> *Diese Waffen gehören Herkules.*

In Verbindung mit der **3. Person Singular von** esse weitet sich bisweilen das Bedeutungsspektrum:

> **Herculis** est homines servare.
> [eigentlich: *Es gehört (zum Wesen) des Herkules, …*]
> *Es ist Aufgabe/Pflicht/Eigenschaft/Wesenszug des Herkules, die Menschen zu retten.*

§ 70 Der Genitiv der Beschaffenheit

Der **Genitiv der Beschaffenheit** (*Genitivus qualitatis*) drückt aus, welche inneren oder äußeren Merkmale eine Person oder eine Sache auszeichnen.

> Hercules vir **magnae fortitudinis** est.
> *Herkules ist ein Mann **von großer Tapferkeit**.*

> Hercules leonem **decem pedum** vincit.
> *Herkules besiegt einen **zehn Fuß hohen** Löwen.*

Der Genitiv der Beschaffenheit kann auch **prädikativ** stehen:

>Hercules **magnae fortitudinis** est.
>*Herkules ist* **von großer Tapferkeit**.
>*Herkules* **besitzt/hat große Tapferkeit**.
>*Herkules ist* sehr *tapfer*.

Statt des Genitivs der Beschaffenheit kann bei körperlichen und geistigen Eigenschaften auch ein Ablativ der Beschaffenheit stehen. Der *Ablativus qualitatis* wird im Gegensatz zum *Genitivus qualitatis* mehr für vorübergehende und zufällige Eigenschaften verwendet.

§ 71 Der Genitiv des Wertes

Ein Sonderfall des Genitivs der Beschaffenheit ist der **Genitiv des Wertes** *(Genitivus pretii)*:

>Hercules pellem **magni pretii** accipit.
>*Herkules empfängt ein Fell* **von großem Wert**.
>
>Homines Herculem **magni** faciunt.
>*Die Menschen schätzen Herkules* **hoch** *ein*.

Folgende Ausdrücke zum Genitiv des Wertes solltest du kennen:

esse/fieri/haberi	*wert sein, gelten*
aestimare/ducere/facere/putare	*(ein-)schätzen*
magni/pluris/plurimi	*hoch, viel/höher, mehr/am höchsten, am meisten*
parvi/minoris/minimi	*gering, wenig/geringer, weniger/am geringsten, am wenigsten*

§ 72 Der Genitiv des geteilten Ganzen

Der **Genitiv des geteilten Ganzen** (*Genitivus partitivus* o. *Genitivus totius*) findet bei Maß- und Mengenangaben Verwendung, wenn nur ein Teil des im Genitiv ausgedrückten Ganzen betroffen ist.

▪ omnes bestiae

>Hercules multitudinem **bestiarum** interficit.
>*Herkules tötet eine Menge* **wilder Tiere** *(aber nicht alle!)*.
>
>Hercules multum **temporis** Eurystheo servit.
>*Herkules dient dem Eurystheus viel* **Zeit**/*lange* **Zeit**.
>
>Quis **nostrum/vestrum** Herculem nescit?
>*Wer* **von uns/von euch** *kennt Herkules nicht?*

▪ pars bestiarum

§ 73 Der *Genitivus subiectivus* und der *Genitivus obiectivus*

Nach Substantiven, die eine Gefühlsäußerung bezeichnen, kann der Genitiv

- die Person oder Sache, die das Gefühl **als** »**Subjekt**« empfindet,

oder

- die Person oder Sache, auf die sich das Gefühl **als** »**Objekt**« richtet,

ausdrücken. Welche Übersetzung zu wählen ist, kannst du nur aus dem Kontext entscheiden:

Genitivus subiectivus
Metus bestiarum **Herculem non movet.**
Die Angst der wilden Tiere *bewegt Herkules nicht.*
[= *Die wilden Tiere (WER oder WAS?) fürchten sich vor Herkules.*]

Genitivus obiectivus
Metus bestiarum **Herculem non movet.**
Die Angst vor wilden Tieren *bewegt Herkules nicht.*
[= *Herkules fürchtet die wilden Tiere (WEN oder WAS?) nicht.*]

§ 74 Der Genitiv bei bestimmten Verben und Adjektiven

1. Der Genitiv bei *begierig, kundig, eingedenk, teilhaftig, mächtig, voll*

Der Genitiv steht im Lateinischen häufig bei Verben und Adjektiven der Wortfelder *begierig, kundig, eingedenk, teilhaftig, mächtig, voll* zur Ergänzung:

Hercules vitam plenam periculorum agit.
Herkules führt ein Leben voller *Gefahren.*

Homines **Herculis** semper reminiscentur.
Die Menschen werden sich immer an **Herkules** *erinnern.*

»begierig«	avidus, cupidus gloriae	begierig nach Ruhm
	studiosus litterarum	bemüht um die Wissenschaften
»kundig«	(im)peritus iuris	(un)kundig im Rechtswesen
	ignarus pugnae	unwissend im Kampf
»eingedenk«	memor consilii	eingedenk des Ratschlags, in Erinnerung an den Ratschlag
	meminisse Herculis reminisci Herculis	sich an Herkules erinnern
	oblivisci Herculis	Herkules vergessen
	conscius facinoris	Mitwisser der (Un-)Tat

»teilhaftig«	particeps rationis	der Vernunft teilhaftig, mit Anteil an der Vernunft, im Besitz der Vernunft
	expers humanitatis	ohne Anteil an der Menschlichkeit, ohne Menschlichkeit
	inops amicorum	arm an Freunden
»mächtig«	potens sui	seiner selbst mächtig, selbstbeherrscht
»voll«	plenus periculorum	voll(er) Gefahren

Bei den Verben der **Erinnerung** und des **Vergessens** kommt jedoch neben dem Genitiv auch oft (v. a. bei Pronomina und Sachen) ein Akkusativobjekt vor.

2. Der Genitiv des Sachbetreffs bei Verben aus dem gerichtlichen Bereich

Der **Genitiv des gerichtlichen Bereichs *(Genitivus criminis)*** findet sich vor allem bei Verben, die im gerichtlichen Verfahren zum Einsatz kommen. Dabei steht die schuldhafte Handlung im Genitiv:

Dei Herculem **caedis** accusant.
Die Götter beschuldigen Herkules **des Mordes**.

Folgende Verben solltest du kennen:

	accusare	*eines Verbrechens anklagen, beschuldigen*
	arcessere/reum facere	*wegen eines Verbrechens belangen/vor Gericht fordern*
criminis	convincere	*eines Verbrechens überführen*
	damnare	*wegen eines Verbrechens verurteilen*
	absolvere	*von einem Verbrechen freisprechen*

Folgende Ausdrücke aus dem gerichtlichen Bereich solltest du kennen:

furti	*wegen Diebstahls*
caedis	*wegen Mordes*
iniuriarum	*wegen Beleidigung*
capitis accusare	*auf Leben und Tod anklagen*
capitis damnare	*zum Tod verurteilen*
capitis absolvere	*von der Anklage auf Leben und Tod freisprechen*

3. Der Genitiv bei *interest* und *refert*

Nach den beiden Ausdrücken *interest* und *refert es ist wichtig* steht die Person, für die etwas wichtig ist, im Genitiv der Zugehörigkeit:

Herculis interest sibi gloriam parare.
Es ist **für Herkules** wichtig, sich Ruhm zu erwerben.

Anstelle der Personalpronomina wird der Ablativ Singular des Femininums der Possessivpronomina gesetzt.

> **Meā/tuā** interest mihi/tibi gloriam parare.
> Es ist **für mich/dich** wichtig, mir/dir Ruhm zu erwerben.

Der Ablativ (§ 75 – § 85)

In den lateinischen **Ablativ** sind viele Funktionen anderer Kasus der indogermanischen Ursprache, die in der lateinischen Sprache nicht mehr eigenständig vorkommen, eingeflossen. Im »Mischkasus« Ablativ lassen sich im Großen und Ganzen drei Bedeutungsfelder unterscheiden. Der Ablativ dient zur Angabe
- **der Trennung** bzw. **des Ausgangspunktes**,
- **des Mittels (Instrumentalis)** oder
- **des Ortes (Lokativ)** und **der Zeit**.

Der Ablativ der Trennung

§ 75 Der Ablativ der Trennung nach bestimmten Verben

Der Ablativ (< lat. *auferre, aufero, abstuli,* **ablatum** wegtragen, wegbringen) in seiner ursprünglichsten Form ist der **Ablativ der Trennung** (*Ablativus separationis* o. *Ablativus separativus*). Er findet sich bei bestimmten Ausdrücken des *Abwehrens*, *Befreiens*, *Freiseins*, *Entfernens* und *Rettens*. Oft verstärken die Präpositionen *a/ab*, *de* und *e/ex* die Aussage des Verbs. Die Frage danach lautet »**WOVON?**«.

> Hercules homines **(a) tauro** liberat.
> Herkules befreit die Menschen **von dem Stier**.
>
> Hercules homines **e periculis** servat.
> Herkules rettet die Menschen **aus Gefahren**.
>
> Homines **metu** carent.
> Die Menschen sind frei **von Angst**.

§ 76 Der Ablativ des Ausgangspunktes

Der Ablativ gibt auch den **Ausgangspunkt** bei Reisen o. Ä. an. Entsprechend den Regeln beim Akkusativ der Richtung (vgl. § 63) wird bei Städten und kleineren Inseln auf eine verdeutlichende Präposition verzichtet, bei Ländern und größeren Inseln wird sie gesetzt.

Hercules **Cnosso** revertitur.
Herkules kehrt **aus Knossos** *zurück.*

Hercules **e Creta** proficiscitur.
Herkules bricht **aus Kreta** *auf.*

Ein Sonderfall ist der **Ablativ der Herkunft** *(Ablativus originis)*.

Hercules **nobili genere** natus est.
Herkules stammt **aus einem vornehmen Geschlecht.**

§ 77 Der Ablativ der handelnden Person

Auch die **Angabe der handelnden Person** im Passiv ist ein Ablativ der Trennung. Zur Verdeutlichung wird die Präposition *a/ab* gesetzt:

Taurus **ab Hercule** vincitur.
Der Stier wird **von Herkules** *besiegt.*

§ 78 Der Ablativ des Vergleichs

Da bei einer Beurteilung auch von einem Ausgangspunkt ausgegangen wird, ist auch der **Ablativ des Vergleichs** *(Ablativus comparationis* o. *Ablativus comparativus)* ursprünglich ein Ablativ der Trennung. Im Lateinischen kann er ein *quam* in Verbindung mit einem Nominativ/Akkusativ ersetzen, bei anderen Fällen geht das jedoch nicht.

Hercules fortior est	quam taurus.
Hercules fortior est	tauro.
Herkules ist stärker/tapferer	<u>als</u> *der Stier.*

Der Ablativ als Instrumentalis

Der Ablativ als **Instrumentalis** gibt an, durch welches **Mittel** eine Handlung bewerkstelligt wird. Hier lautet die Frage »**WOMIT?**« oder »**WODURCH?**«.

§ 79 Der bloße Ablativ zur Angabe des Mittels

1. Der Ablativ des Mittels

Der **Ablativ des Mittels** *(Ablativus instrumenti)* gibt an, durch welches Mittel oder Werkzeug eine Handlung vollzogen wird.

Hercules taurum **manibus** vincit.
Herkules besiegt den Stier **mit den Händen**.

Folgende Ausdrücke mit dem ***Ablativus instrumenti*** solltest du kennen:

fugā salutem petere	*sein Heil in der Flucht suchen*
memoriā tenere	*im Gedächtnis behalten*
currū vehi	*mit dem Wagen fahren*
pedibus ire	*zu Fuß gehen*

Ein besonders vielseitiges Verb ist *afficere mit etwas versehen*, das je nach der adverbialen Ergänzung ein breites Bedeutungsspektrum abdeckt. Bei der Übersetzung ins Deutsche ist auf eine treffende Wiedergabe zu achten:

poenā afficere	*bestrafen*
gaudiō afficere	*erfreuen*
honore afficere	*ehren*
suppliciō afficere	*hinrichten*
morbō affici	*erkranken*

2. Der Ablativ des Mittels als »Objekt« in der deutschen Übersetzung

Die Verben *uti*, *frui*, *fungi*, *potiri* nehmen bei der Übersetzung ins Deutsche meist ein Akkusativobjekt zu sich, doch lassen sie sich im Lateinischen auf einen ***Ablativus instrumenti*** zurückführen:

	Ursprüngliche Bedeutung	
uti occasione	Gebrauch machen von …	eine Gelegenheit nutzen
frui vitā	Genuss haben von …	das Leben genießen
fungi munere	sich beschäftigen mit …	ein Amt verwalten
potiri oppidō	mächtig werden durch …	sich einer Stadt (dt. Gen.!) bemächtigen

§ 80 Der Ablativ der Art und Weise

Der **Ablativ der Art und Weise** *(Ablativus modi)* gibt an, auf welche Weise oder unter welchen Umständen sich eine Handlung vollzieht. Bei Ergänzung durch ein Attribut steht meist der bloße Ablativ, sonst wird i. d. R. die Präposition *cum* gesetzt.

Hercules **nudo corpore** pugnat.
Herkules kämpft **mit nacktem Körper**.

Hercules fatum **aequo animo** fert.
Herkules erträgt sein Schicksal **mit Gleichmut**.

Hercules **cum virtute** vivit.
Herkules lebt **mit Tugend**.

Zahlreiche Ablative sind zu fast adverbiellen Wendungen erstarrt, z. B.:

dolō	*listig*	vī	*mit Gewalt, gewaltsam*
casū	*zufällig*	iniuriā	*zu Unrecht*
sponte	*freiwillig*	ordine	*der Reihe nach*
speciē	*unter dem (An-)Schein*		

§ 81 Der Ablativ des Grundes

Auch der **Ablativ des Grundes** *(Ablativus causae)* hat sich aus dem Ablativ des Mittels entwickelt, mit dem es noch deutliche Schnittmengen gibt. Die Fragen danach lauten »WORÜBER?«, »WESWEGEN?« oder »WESHALB?«.

Hercules **labore** fessus est.
Herkules ist **wegen der (durch die) Anstrengung** *erschöpft.*

Hercules **victoriā** gaudet.
Herkules freut sich **über den Sieg.**

§ 82 Der Ablativ der Beziehung

Auch der **Ablativ der Beziehung** (*Ablativus limitationis* o. *Ablativus respectus*) gibt eigentlich das Kriterium (das Mittel) für eine Entscheidung an. Die Frage danach lautet »IN WELCHER BEZIEHUNG?« oder »WORIN?«.

Hercules officium **fimo** metitur.
Herkules bemisst die Aufgabe **nach dem Mist.**

Folgende Ausdrücke solltest du kennen:

metiri aliquid **aliquā rē**	*etwas bemessen* **nach etwas**
superare aliquem **aliquā rē**	*jemanden an/in etwas übertreffen*
differre **aliquā rē**	*sich unterscheiden* **in etwas**
praestare alicui **aliquā rē**	*jemanden übertreffen* **in etwas**

§ 83 Ablativ des Maßes

Manchmal gibt der Ablativ den Abstand an, um wieviel sich zwei Dinge voneinander unterscheiden. Man spricht vom **Ablativ des Maßes** (*Ablativus mensurae* o. *Ablativus discriminis*). Die Frage danach lautet »UM WIEVIEL?«.

Hercules **multo** mavult otio se dare quam officia praestare.
*Herkules will sich **viel** lieber der Ruhe hingeben als Pflichten erfüllen.*

Hercules **aliquanto** fortior est quam Eurystheus.
*Herkules ist **beträchtlich** stärker als Eurystheus.*

Der Ablativ zur Angabe des Ortes und der Zeit

Die letzte Funktion des Ablativs ist die **örtliche** und **zeitliche Verortung**.

§ 84 Der Ablativ des Ortes

Ursprünglich war im Lateinischen ein eigener Fall zur Angabe des Ortes vorhanden: der **Lokativ**. Er gibt Auskunft über die Frage »**WO?**«.

1. Der ursprüngliche Lokativ

Der **Lokativ** ist im Lateinischen nur noch in wenigen **erstarrten Wendungen** greifbar:

domī	zu Hause
rurī	auf dem Land
humī	auf dem Boden
domī militiaeque	in der Heimat und im Feld
domī bellīque	im Krieg und im Frieden

Bei **Städten** und **kleineren Inseln auf** *-us*, *-a*, *-um* ist der Lokativ lautlich nicht mehr vom Genitiv zu unterscheiden:

Romae (altlateinisch: Romai)/**Tarenti**/**Lesbi** esse
in Rom/in Tarent/auf Lesbos sein

2. Die Ortsangabe bei Eigennamen

Der bloße **Ablativ des Ortes** *(Ablativus loci)* steht bei allen Eigennamen von Städten und kleineren Inseln, die nicht auf *-us*, *-a*, *-um* enden. Bei größeren Inseln oder Ländernamen wird jedoch eine Präposition zur Verdeutlichung gesetzt:

Athenis/Carthagine/Delphis esse
in Athen/in Karthago/in Delphi sein

Hercules **in Graecia/in Italia/in Creta** moratur.
*Herkules verweilt **in Griechenland/in Italien/auf Kreta**.*

Außerdem findet sich der bloße Ablativ in einigen Wendungen v. a. in Verbindung mit dem Substantiv *locus* und dem Adjektiv *totus*:

Die einzelnen Kasus und ihre Verwendung

terrā marīque	*zu Lande und zu Wasser*
rectā (viā)	*geradewegs, geradeaus*
suō locō	*am rechten Platz*
locīs apertīs	*auf offenem Gelände*
totā urbe	*in der ganzen Stadt*
totō orbe terrarum	*auf der ganzen Welt*

§ 85 Der Ablativ der Zeit

Der **Ablativ der Zeit** *(Ablativus temporis)* gibt eine adverbiale Angabe auf die Frage »WANN?«.

Hercules **prima luce** taurum sequitur.
*Herkules verfolgt den Stier **beim ersten Tageslicht**.*

Folgende Ausdrücke kommen häufig vor:

primā luce	*beim ersten Tageslicht/bei Tagesanbruch/bei Sonnenaufgang*
multā nocte	*in tiefer Nacht*
posterō diē	*am folgenden/nächsten Tag*

Weitere Ergänzungen zum einfachen Satz (§ 86 – § 88)

§ 86 Präpositionalausdrücke

Präpositionen sind meist einem Nomen vorangestellt (< lat. *praeponere, praepono, praeposui, **praepositum** voranstellen*). Als Adverbiale bestimmen Präpositionalausdrücke die Aussage des Prädikats genauer.

Hercules … proficiscitur.
Herkules bricht … auf.   **WOHIN** *bricht er auf?*

Hercules **ad inferos** proficiscitur.
*Herkules bricht **in die Unterwelt** auf.*

1. Präpositionen mit einem einzigen Kasus

Typisch für die Wortart **Präposition** ist sowohl im Deutschen als auch im Lateinischen, dass jede Präposition einen bestimmten Kasus regiert. Dieser Kasus kann aber im Lateinischen durchaus ein anderer sein als im Deutschen (vgl. auch den lateinischen Ablativ, der keine deutsche »Entsprechung« hat). Deshalb ist es unerlässlich, bei jeder Präposition ganz genau zu lernen, mit welchem Kasus sie im Lateinischen steht.

| ad montes | *zu den Bergen* | apud Graecos | *bei den Griechen* |
| ante oculos | *vor den Augen* | cum amicis | *mit den Freund(inn)en* |

Ob *a* oder *ab*, *e* oder *ex* steht, hängt davon ab, ob das folgende Wort mit einem Konsonanten oder einem Vokal beginnt, z. B. **ex urbe, e silva, ab amico, a socio.** Ein *h* am Wortanfang zählt nicht, z. B. **ab homine.**

»*Pro, prae, a(b), e(x), de, sine, cum* steh'n ohne Ablativ sehr dumm.«

2. Präpositionen mit zwei Kasus

Dies betrifft die Präpositionen *in* und *sub*. Bei diesen beiden Präpositionen muss man beachten, ob sie eine **Richtung (Akk. → WOHIN?)** oder einen **Ort (Abl. → WO?)** angeben.

	mit Akk.: **WOHIN?**	mit Abl.: **WO?**
in	in, auf, nach, gegen	in, an, auf, bei
sub	unter	unter

Hercules **in Africam** proficiscitur. (**WOHIN?**)
*Herkules bricht **nach Afrika** auf.*

Hercules **in Africa** moratur. (**WO?**)
*Herkules verweilt **in Afrika**.*

Hercules **sub arborem** properat. (**WOHIN?**)
*Herkules eilt **unter einen Baum**.*

Hercules **sub arbore** sedet. (**WO?**)
*Herkules sitzt **unter einem Baum**.*

3. Postpositionen mit Genitiv

Wie der Name schon sagt, stehen **Prä**positionen in der Regel **vor** dem betreffenden Nomen, **Post**positionen **dahinter**. Im Lateinischen gibt es zwei Postpositionen: *causa* und *gratia*. Beide stehen mit Genitiv.

fortitudinis causā/gratiā
wegen der Tapferkeit, **um** der Tapferkeit **willen**

§ 87 Das Adverb

Das Adverb charakterisiert sowohl im Lateinischen als auch im Deutschen die im Prädikat ausgedrückte Handlung näher (lat. *ad verbum*).

Im Deutschen ergeben sich häufig Probleme bei der Unterscheidung von Adverb und Adjektiv. Das betrifft Sätze wie die folgenden:

Hercules **fortiter** pugnat.   *Herkules kämpft **tapfer**.*
Hercules **fortis** est.   *Herkules ist **tapfer**.*

Im ersten Satz beschreibt »tapfer« die Satzaussage näher und ist deshalb ein Adverb (WIE kämpft er? – tapfer). Im zweiten Satz ist »tapfer« ein Prädikatsnomen. Es bildet zusammen mit einer Form des Hilfsverbs *esse* das Prädikat. Das Prädikatsnomen steht in KNG-Kongruenz zu seinem Bezugswort und erklärt dieses näher (WAS PASSIERT? – Herkules ist tapfer.).

1. Erscheinungsformen des Adverbs im Lateinischen

Eine Gruppe von Adverbien sind »kleine« Wörter, die im Wortschatz gelernt werden, z. B. *mox*, *paene*, *vix*, …

Ein Teil dieser Adverbien geht ursprünglich auf Adjektive oder Substantive zurück, z. B. *paulum*, *noctu*, …

Ein weiterer Teil ist durch die »Verschmelzung« adverbialer Ausdrücke entstanden, z. B. *antea* (< *ante ea* *vor diesen Dingen* → *vorher*), *hodie* (< *hoc die* *an diesem Tag* → *heute*), …

2. Bildungsweise des Adverbs aus einem Adjektiv

Daneben kann das Lateinische aber auch mit Hilfe von Endungen Adverbien bilden. So wird aus einem ursprünglichen Adjektiv ein Adverb. Die **Regeln** für die **Bildung** sind in folgender Tabelle zusammengefasst:

Adjektiv	Adverb	Bildungsweise/Hinweise
a-/o-Deklination		
iustus, -a, -um	iust-ē	Bei den Adjektiven der a-/o-Deklination wird die Endung *-ē* an den Wortstamm angehängt.
liber, libera, liberum	liber-ē	
pulcher, pulchra, pulchrum	pulchr-ē	
i-Dekl.		
celer, -is, -e	celer-iter	Bei den Adjektiven der i-Deklination wird die Endung *-iter* an den Wortstamm angehängt.
fortis, -e	fort-iter	
acer, acris, acre	acr-iter	
felix, felicis	felic-iter	
constans, -antis	constant-er	Wenn der Wortstamm auf *-nt-* endet, wird als Endung nur *-er* angehängt (nicht *-iter*).
prudens, -entis	prudent-er	
lautliche Besonderheiten, z. B.:		
difficilis, -e	difficulter	

3. Steigerung des Adverbs

a) Regelmäßige Bildung

Ausgangspunkt für Komparativ und Superlativ des Adverbs ist die entsprechende Form des Adjektivs. Die Steigerung erfolgt in allen Deklinationen nach denselben Regeln.

	Adjektiv	Adverb	Bildungsweise
Komparativ	iustior, -ius	iust-ius	Der Komparativ des Adverbs wird mit Hilfe der Endung *-ius* gebildet und entspricht damit dem Neutr. Sg. des Adjektivs im Komparativ.
Superlativ	iustissimus, -a, -um	iustissim-ē	Der Superlativ des Adverbs wird mit Hilfe der Endung *-ē* gebildet.

Beispiele für die regelmäßige Komparation des Adverbs:

Positiv	Komparativ	Superlativ
iust-ē	iust-ius	iustissim-ē
liber-ē	liber-ius	liberrim-ē
celer-iter	celer-ius	celerrim-ē
fort-iter	fort-ius	fortissim-ē
prudent-er	prudent-ius	prudentissim-ē

b) Unregelmäßige Bildung

In den ersten vier der aufgeführten Beispiele (*bene, male, multum, paulum*) erkennt man die Parallelen zur Steigerung der entsprechenden Adjektive. Am besten lernst du aber die jeweilige Reihe auswendig.

Positiv	Komparativ	Superlativ
bene (gut)	melius (besser)	optimē (am besten)
male (schlecht)	peius (schlechter)	pessimē (am schlechtesten)
multum (viel)	plus (mehr)	plurimum (am meisten, sehr viel)
paulum (wenig)	minus (weniger)	minimē (am wenigsten, keineswegs)
valde } (sehr) magnopere }	magis (mehr)	maximē (am meisten)
prope (nahe)	propius (näher)	proximē (am nächsten)
diu (lange)	diutius (länger)	diutissimē (am längsten)
saepe (oft)	saepius (öfter)	saepissimē (sehr oft)

§ 88 Das Adjektiv als Attribut

Neben einem Genitiv (vgl. § 69 ff.) kann auch ein Adjektiv als Attribut zu einem Substantiv treten. In diesem Fall gilt selbstverständlich die **KNG-Kongruenz**: Das Adjektiv muss in **Kasus**, **Numerus** und **Genus** mit dem zugehörigen Substantiv übereinstimmen.

> Hercules cum **amico bono** Hydram superavit.
> *Herkules besiegte mit einem **guten Freund** die Hydra.*

Wie man in obigem Beispiel sieht, haben Substantiv und Adjektiv dieselbe Endung, weil sie zur selben Deklination gehören. Dies ist aber keineswegs immer so, wie das folgende Beispiel zeigt:

> Hercules **Hydram atrocem** superavit.
> *Herkules besiegte die **schreckliche Hydra**.*

Üblicherweise stehen Adjektivattribute hinter dem zugehörigen Substantiv. Bei **Mengen- und Größenangaben** oder bei **Zahlen** dagegen steht das Adjektiv meist davor:

> Hercules **multos labores** subiit.
> *Herkules nahm **viele Arbeiten** auf sich.*

Bezieht sich ein Adjektiv auf mehrere Substantive und haben diese unterschiedliche Genera, so übernimmt das Adjektiv meist das maskuline Genus (und steht selbstverständlich dann im Plural). Bisweilen richtet sich das Adjektiv nach dem nächststehenden Substantiv oder wechselt sogar in den Plural des Neutrums.

> Viri et feminae Romani Herculem admirantur.
> *Römische Männer und Frauen bewundern Herkules.*

> Leo et Hydra mali homines terruerunt.
> *Der schlimme Löwe und die schlimme Hydra erschreckten die Menschen.*

> Villae et agri deleta sunt.
> *Die Häuser und Felder wurden zerstört.*

Verknüpfungen im Text (§ 89 – § 90)

§ 89 Allgemeine Überlegungen zu Satzverknüpfungen

Lateinische Sätze stehen natürlich nur in den seltensten Fällen für sich allein. Meist sind sie in die Situation eines Gesprächs oder einer Abhandlung eingebunden. Man spricht hier von einem Text. Ursprünglich heißt Text »Gewebe« (< lat. *texere, texo, texui,* **textum** *weben*) und wie bei einem Gewebe sind die einzelnen Sätze durch verknüpfende Elemente (**Konnektoren**) miteinander verbunden.

Diese Konnektoren können Gedanken **gleichgeordnet** oder **untergeordnet** wiedergeben.

Im ersten Fall geschieht dies entweder durch nebeneinander gestellte Hauptsätze (**Satzreihe, Beiordnung, Parataxe**), im zweiten Fall durch Unterordnung (**Satzgefüge, Periode, Hypotaxe**).

Satzreihe, Beiordnung, Parataxe:

1. Hauptsatz	2. Hauptsatz
Hercules Hydram interficit.	**Nam** Eurystheo paret.
Herkules tötet die Hydra.	**Denn** er gehorcht Eurystheus.

Satzgefüge, Periode, Hypotaxe:

Hauptsatz	
Hercules Hydram interficit,	
Herkules tötet die Hydra,	
	quia Eurystheo paret.
	weil er Eurystheus gehorcht.
	Nebensatz

§ 90 Die beiordnende Verknüpfung

Die parataktische Verbindung erfolgt – wie im Deutschen – zunächst durch **Konjunktionen**, die die einzelnen gleichwertigen Aussagen entweder zu einer **Satzreihe (Parataxe)** verbinden oder innerhalb eines Satzes zu gleichwertigen Satzgliedern zusammenfassen. Manchmal werden auch mehrere Konnektoren miteinander kombiniert.

Dabei können die Konjunktionen
- rein verbindend (**kopulativ**) sein.
- trennend (**disjunktiv**) sein.
- bestimmte Sinnverhältnisse (z. B. begründend) vorgeben.

Kopulative Konjunktionen sind u. a.

et, -que, atque/ac	und
etiam, quoque	auch
neque/nec	und nicht, auch nicht, nicht einmal
ne … quidem	nicht einmal
non solum …, sed etiam	nicht nur …, sondern auch
neque … neque	weder … noch
cum … tum	sowohl … als auch besonders
tum … tum, modo … modo	bald … bald

Iolaus Herculem sequitur **et** eum adiuvat.
*Jolaos folgt Herkules **und** hilft ihm.*

Disjunktive Konjunktionen sind u. a.

aut, vel, -ve, sive/seu, an	oder
aut … aut, vel … vel, sive … sive	entweder … oder

Konjunktionen können bestimmte Sinnrichtungen vorgeben: **kausal** (begründend), **konklusiv** (schlussfolgernd) oder **adversativ** (einen Gegensatz ausdrückend).

Kausale Konjunktionen sind u. a.

nam (vorangestellt), enim (nachgestellt)	denn, nämlich

Iolaus Herculem sequitur. **Nam** eum adiuvare vult.
*Jolaos folgt Herkules. **Denn** er will ihm helfen.*

Konklusive Konjunktionen sind u. a.

ergo, igitur	also, folglich
itaque (vorangestellt)	daher, deshalb
ideo, idcirco	daher, deshalb
proinde (in Aufforderungen)	daher, also

Hercules Hydram interficere debet. **Itaque** eam ubique quaerit.
*Herkules muss die Hydra töten. **Deshalb** sucht er sie überall.*

Adversative Konjunktionen sind u. a.

at	jedoch, dagegen
atqui, attamen, sed tamen	aber doch
autem (nachgestellt)	aber
sed (vorangestellt)	aber
tamen	dennoch, trotzdem
verum (vorangestellt)	aber, allein
vero (nachgestellt)	aber, wirklich

Hercules Hydram ubique quaerit. **Tamen** eam invenire non potest.
*Herkules sucht die Hydra überall. **Dennoch** kann er sie nicht finden.*

Nebensätze im Lateinischen (§ 91 – § 110)

Grundsätzliche Überlegungen (§ 91 – § 92)

§91 Wortstellung

Im Folgenden werden nun die Erkenntnisse aus der Satzlehre des (erweiterten) einfachen Satzes auch auf lateinische Nebensätze übertragen.

Anders als im Deutschen gibt es bezüglich des Satzbaus keine grundsätzlichen Unterschiede zwischen Haupt- und Nebensatz.

> 2   3   1   2   3   1
> Hercules monstra pepulit, quae homines terruerant.
> 2   1   3   2   3 ←——→ 1
> Herkules vertrieb die Ungeheuer, die die Menschen erschreckt hatten.

Es gelten sowohl die PSO- als auch die KNG-Regel – unabhängig davon, ob der Nebensatz im Indikativ oder Konjunktiv steht.

§ 92 Die Zeitenfolge in konjunktivischen lateinischen Nebensätzen

In **indikativischen Nebensätzen** unterscheidet sich der Sprachgebrauch des Deutschen nicht grundsätzlich vom Lateinischen. Nur verlangen manche Konjunktionen ein absolutes Tempus.

Im Gegensatz dazu ist die Verwendung der Tempora **in konjunktivischen Nebensätzen** klar geregelt. Man nennt diese Zeitenfolge **Consecutio temporum**. Diese starre Zeitenfolge macht es sehr einfach zu erkennen, in welchem zeitlichen Verhältnis Haupt- und Nebensatz zueinander stehen.

Hauptsatz	Zeitverhältnis	Nebensatz
Präsens/Futur I (und Futur II)	gleichzeitig vorzeitig nachzeitig	Konjunktiv Präsens Konjunktiv Perfekt -urus, -a, -um sim
Alle **Vergangenheitstempora** (Imperfekt, Perfekt, Plusquamperfekt, historisches Präsens, historischer Infinitiv)	gleichzeitig vorzeitig nachzeitig	Konjunktiv Imperfekt Konjunktiv Plusquamperfekt -urus, -a, -um essem

Beispiele:

eingeleitet durch **Präsens**	Poetae narrant, … *Dichter erzählen, …*	… quid Hercules faciat. *… was Herkules tut/tue.*
		… quid Hercules fecerit. *… was Herkules getan hat/habe.*
		… quid Hercules facturus sit. *… was Herkules tun wird/werde.*
eingeleitet durch **Perfekt**	Poetae narraverunt, … *Dichter erzählten, …*	… quid Hercules faceret. *… was Herkules tut/tue/tat.*
		… quid Hercules fecisset. *… was Herkules getan hatte/habe.*
		… quid Hercules facturus esset. *… was Herkules tun wird/werde.*

Bisweilen gleicht sich das Prädikat eines an sich indikativischen Nebensatzes an den im übergeordneten Haupt- oder Nebensatz stehenden Konjunktiv an. Diese Angleichung nennt man **Modusassimilation** oder **Modusattraktion** (Attractio modi). Bei der Übersetzung ins Deutsche wird dieser Konjunktiv nicht berücksichtigt.

> Hercules per silvas properavit, ut aprum, qui homines **torqueret**, caperet.
> *Herkules eilte durch die Wälder, um den Eber zu fangen, der die Menschen quälte.*

Relativsätze im Lateinischen (§ 93 – § 97)

§ 93 Funktion der Relativsätze

Der lateinische **Relativsatz** beschreibt – wie im Deutschen – sein **Bezugswort** näher. Er hat also die Funktion eines **Attributs**.

> **Hercules *fortis* multa monstra vicit.**
> *Der **tapfere** Herkules besiegte viele Ungeheuer. (Adjektiv als Attribut)*

> **Hercules, *qui fortis erat*, multa monstra vicit.**
> *Herkules, **der tapfer war**, besiegte viele Ungeheuer. (Relativsatz als Attribut)*

Der Relativsatz wird im Lateinischen durch das **Relativpronomen** *qui*, *quae*, *quod* eingeleitet (vgl. § 50).

§ 94 Die Kongruenz in Relativsätzen

Die **Kongruenz** zwischen dem **Bezugswort** und dem **Relativpronomen** ist nur **unvollständig**, da sich das Relativpronomen nur in **Genus** und **Numerus** nach seinem Bezugswort im übergeordneten Satz richtet. Der **Kasus** hingegen wird durch die Funktion des Relativpronomens im untergeordneten Relativsatz bestimmt, z. B.:

Homines **Herculem, qui** fortis erat, coluerunt.

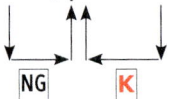

Die Menschen verehrten **Herkules** *(Akkusativ, Objekt),*
der *(Nominativ, Subjekt) tapfer war.*

Beachte in den folgenden Sätzen die unterschiedliche Funktion des Relativpronomens im Relativsatz:

Hercules **bestias,** quae homines torquebant, vicit.
Herkules besiegte **die wilden Tiere** *(Akkusativ, Objekt),* **die** *(Nominativ, Subjekt) die Menschen quälten.*

Hercules **bestias,** quas vicerat, ad Eurystheum portavit.
Herkules trug **die wilden Tiere** *(Akkusativ, Objekt),* **die** *(Akkusativ, Objekt) er besiegt hatte, zu Eurystheus.*

Der Relativsatz muss sich aber nicht immer auf ein einziges Satzglied beziehen, sondern kann auch den Inhalt des ganzen vorangegangenen Satzes betreffen:

Hercules multas bestias vicit, **(id) quod** homines delectavit.
Hercules multas bestias vicit, **quae res** homines delectavit.
Herkules besiegte viele wilde Tiere, **was** *die Menschen erfreute.*

Relativsätze können auch durch ein **verallgemeinerndes Relativpronomen** (*quisquis, quicumque*) eingeleitet werden:

Quidquid Hercules egit, bene egit.
Was auch immer *Herkules gemacht hat, hat er gut gemacht.*
Alles, was *Herkules gemacht hat, hat er gut gemacht.*

§ 95 Konjunktivische Relativsätze

Im Lateinischen kommt der Konjunktiv in Relativsätzen zum Einsatz, wenn zwischen Haupt- und Nebensatz neben der attributiven Funktion des Relativsatzes noch zusätzlich eine **besondere adverbiale Verbindung** besteht. Man sagt, diese Relativsätze haben einen **Nebensinn,** also einen inhaltlichen Mehrwert.

Der Konjunktiv ist gewissermaßen als Tipp für den Leser zu verstehen. Er soll darüber nachdenken, welches **Sinnverhältnis** (nach der Meinung des Autors) zwischen Hauptsatz und Relativsatz besteht.

Bei konjunktivischen Relativsätzen kommt der Nebensinn v. a. in folgenden **Sinnrichtungen** vor:

1. Konsekutiver Nebensinn

Der Relativsatz mit **konsekutivem Nebensinn** (< lat. *consequi, consequor,* **consecutus sum** *folgen*) wird im lateinischen Hauptsatz oft durch ein Signalwort wie *is, talis* etc. oder ein bestimmtes Adjektiv wie *idoneus, dignus* »vorbereitet«. Der Relativsatz drückt eine **Folge** aus oder erklärt einen Sachverhalt näher. Daher spricht man bisweilen auch von **explikativen** Relativsätzen. Im Deutschen wird der Nebensinn oft nicht ausgedrückt.

> Eurystheus Herculi officia mandavit, **quae** ceteri homines praestare non **possent**.
> *Eurystheus übertrug dem Herkules Aufgaben,* **die** *die übrigen Menschen nicht erfüllen* **konnten***.
> [eigentlich: Eurystheus übertrug dem Herkules Aufgaben, die (so waren, dass sie) die übrigen Menschen nicht erfüllen konnten.]*

> Sunt, **qui** Herculem *nesciant*.
> *Es gibt Leute, die Herkules nicht kennen.*
> *[eigentlich: Es gibt Leute, die (so sind, dass sie) Herkules nicht kennen.]*

> Hercules **dignus** erat, **quem** dei in caelum *acciperent*.
> *Herkules war* **würdig***, **dass ihn** (!) die Götter in den Himmel* **aufnahmen***. [Folge!]*

Häufig steht konsekutiver Nebensinn nach folgenden Wendungen:

sunt, qui …	es gibt Leute, die …
nemo est, qui …	es gibt keinen, der …
quis est, qui …?	wen gibt es, der …?
dignus est, qui …	er ist würdig/er verdient es, dass er …
aptus/idoneus est, qui …	er ist geeignet, dass er …

2. Kausaler Nebensinn

Bisweilen schwingt in einem Relativsatz ein **kausaler Nebensinn** (< lat. **causa** *Grund, Ursache*) mit. Hier kann der Relativsatz ebenfalls adverbial übersetzt werden. Es besteht jedoch kein Zwang, da auch im Deutschen der Relativsatz eine kausale Färbung annehmen kann.

> Hercules bestias, **quae** homines *torquerent*, vicit.
> *Herkules besiegte die wilden Tiere, **die** die Menschen quälten.*
> *Herkules besiegte die wilden Tiere, **weil sie (!)** die Menschen quälten.*

3. Finaler Nebensinn

Sehr häufig ersetzt ein konjunktivischer Relativsatz nach Verben, die eine Bewegung ausdrücken, einen finalen Nebensatz. Daher **muss** das **finale Sinnverhältnis** (< lat. *finis Zweck, Ziel*) bei der Übersetzung ins Deutsche berücksichtigt werden:

> Eurystheus Herculem misit, **qui** bestias *vinceret*.
> *Eurystheus schickte Herkules, **der** die wilden Tiere **besiegen soll(t)e**.*
> *Eurystheus schickte Herkules, **damit dieser (!)** die wilden Tiere **besiegt/besiege**.*

§ 96 Relativer Satzanschluss

Im Lateinischen kann – anders als im Deutschen – am Anfang eines Hauptsatzes ein Relativpronomen stehen. Dieses bezieht sich – wie üblich – auf ein Wort oder den Inhalt des vorangegangenen Satzes. Im Deutschen wird das **Relativpronomen** im neuen Satz als **Demonstrativpronomen** wiedergegeben. Eine weitere Verbindung durch eine beiordnende Konjunktion (z. B. *denn, nämlich, aber, auch* etc.) ist im Lateinischen nicht vorhanden; im Deutschen kann sie bei Bedarf gesetzt werden.

> Eurystheus **Herculem** misit. *Qui* bestiam vicit.
> *Eurystheus schickte **Herkules** los. **Dieser** besiegte (dann) das wilde Tier.*

> Eurystheus dixit: »**Vince bestiam!**« *Quibus verbis* Herculem misit.
> *Eurystheus sagte: »**Besiege das wilde Tier!**« **Mit diesen Worten** schickte er (nämlich) Herkules los.*

§ 97 Verschränkte Relativsätze

Im Lateinischen können Relativsätze mit einer anderen Konstruktion wie z. B. einem AcI (vgl. § 123 ff.), einer Partizipialkonstruktion (vgl. verbundenes Partizip § 111 ff. und Ablativus absolutus § 117 ff.) oder einem indirekten Fragesatz (vgl. § 100) verschmolzen (»**verschränkt**«) werden. Das Relativpronomen ist dabei Teil der untergeordneten Konstruktion und richtet sich nach dieser. Inhaltlich sind diese Gedanken meist problemlos zu verstehen, doch gestaltet sich die Übersetzung ins Deutsche bisweilen schwierig – manchmal ist sie nur durch die Verteilung der Aussagen auf zwei eigenständige Sätze zu meistern.

Vermutlich ist dieses Phänomen der **Verschränkung** aus der Zusammenziehung zweier Sätze entstanden, stellt also eigentlich nur eine Sonderform des relativen Satzanschlusses dar.

1. Übersetzungsschritte zum Auflösen der Verschränkung

Für die Übersetzung bieten sich folgende Schritte an:

I. Übersetze den übergeordneten Satz, indem du den Relativsatz weglässt!
II. Übersetze den Relativsatz! Ersetze dabei das Relativpronomen durch ein geeignetes Demonstrativpronomen!
III. 1. Baue nun die beiden Bestandteile zu einem Satz zusammen!
2. Falls sich die beiden Bestandteile nicht – oder nur mit großen Schwierigkeiten – zu einem deutschen Satz umformen lassen, trenne sie durch die Verwendung des Relativpronomens als Demonstrativpronomen im zweiten Satz!

2. Die Verschränkung mit AcI

Am häufigsten ist ein Relativsatz mit einem **Accusativus cum Infinitivo (AcI)** (vgl. § 123 ff.) (Relativpronomen: *quem*/*quos*, *quam*/*quas*, *quod*/*quae*) verschränkt. Die Übersetzung mit einem einzigen Satz ist möglich und die Konstruktion lässt sich auf verschiedene Weisen ins Deutsche übersetzen:

> Hercules, quem filium Iovis fuisse constat, multa pericula subiit.

I. Übersetzung des Hauptsatzes:

> Herkules nahm viele Gefahren auf sich.

II. Übersetzung des Relativsatzes:

> Es steht fest, dass dieser der Sohn Jupiters war.

III. 1. *Herkules, …   … nahm viele Gefahren auf sich.*

a) mit Relativsatz und einer Hilfskonstruktion mit »*von*«:

> von dem feststeht, dass er der Sohn Jupiters war, …

b) mit Einschub/Parenthese:

> der – wie feststeht – der Sohn Jupiters war, …

c) mit Adverb:

> der bekanntlich der Sohn Jupiters war, ….

d) mit Präpositionalausdruck

> der nach allgemeiner Überzeugung der Sohn Jupiters war, …

3. Die Verschränkung mit Partizipialkonstruktionen

Der Relativsatz kann auch mit einem **verbundenen Partizip** (vgl. § 111 ff.) oder einem **Ablativus absolutus** (vgl. § 117 ff.) verschränkt sein. Hier ist die Übersetzung mit einem einzigen Satz schwer möglich und daher ist die Aufspaltung in zwei Sätze empfehlenswert:

Eurystheus, cui parens Hercules multa pericula subiit, rex crudelis erat.

I. Übersetzung des Hauptsatzes:

Eurystheus war ein grausamer König.

II. Übersetzung des Relativsatzes:

Hercules nahm viele Gefahren auf sich, weil er diesem gehorchte.

III. 1. Eurystheus, dem gehorchend Herkules viele Gefahren auf sich nahm, war ein grausamer König.

III. 2. Eurystheus war ein grausamer König. Weil Herkules diesem gehorchte, nahm er viele Gefahren auf sich.

Bestiae, quibus interfectis homines beati vivebant, gloriam Herculis auxerunt.

I. Übersetzung des Hauptsatzes:

Die wilden Tiere vergrößerten den Ruhm des Herkules.

II. Übersetzung des Relativsatzes:

Nachdem diese getötet worden waren, lebten die Menschen glücklich.

III. 1. Die wilden Tiere, nach deren Tötung die Menschen glücklich lebten, vergrößerten den Ruhm des Herkules.

III. 2. Die wilden Tiere vergrößerten den Ruhm des Herkules. Nachdem diese getötet worden waren, lebten die Menschen glücklich.

4. Die Verschränkung mit indirektem Fragesatz oder Adverbialsatz

Der Relativsatz kann auch mit einem **indirekten Fragesatz** (meist *qui* als Subjekt) oder **Adverbialsatz** verschränkt sein. Hier ist bei der Übersetzung ins Deutsche eine fast wörtliche Umsetzung möglich.

Hercules, qui quomodo bestias vincere posset nesciebat, tamen pericula subiit.

I. Übersetzung des Hauptsatzes:

Herkules nahm dennoch die Gefahren auf sich.

II. Übersetzung des Relativsatzes:

Dieser wusste nicht, wie er die wilden Tiere besiegen kann/könne/konnte/könnte.

III. 1. *Herkules, der* nicht wusste, wie er die wilden Tiere besiegen kann/könne/konnte/könnte, *nahm dennoch die Gefahren auf sich*.

Tenemus memoria Herculem, qui nisi virtutem secutus esset, numquam deus factus esset.

I. Übersetzung des Hauptsatzes:

Wir behalten Herkules in Erinnerung.

II. Übersetzung des Relativsatzes:

Dieser wäre niemals zu einem Gott geworden, wenn er nicht der Tugend gefolgt wäre.

III. 1. *Wir behalten Herkules in Erinnerung, der*, wenn er nicht der Tugend gefolgt wäre, niemals zu einem Gott geworden wäre.

Abhängige Aussagesätze als Subjekt und Objekt (§ 98 – § 100)

Abhängige Aussagesätze können im Lateinischen – wie im Deutschen auch – ein Subjekt oder ein Objekt ersetzen.

§ 98 Subjektsätze

Subjektsätze vertreten im Satzgefüge die Stelle des Subjekts. Sie geben Auskunft über die Frage »**WER oder WAS?**«.

1. Subjektsätze mit Indikativ

Indikativische Subjektsätze werden durch das **faktische** *quod* eingeleitet und stehen im Lateinischen nach bestimmten durch Adverbien verstärkten Ausdrücken:

bene	⎫			⎧	gut
male	⎬	fit/accidit/evenit	es trifft sich	⎨	schlecht
opportune	⎭			⎩	günstig

Bene fit, **quod** Hercules omnes bestias vincere potest.
Es trifft sich gut, **dass** *Herkules alle wilden Tiere besiegen kann.*

2. Subjektsätze mit Konjunktiv

Auch **konjunktivische Subjektsätze** stehen im Lateinischen nach den unter 1. genannten Ausdrücken, wenn die Adverbien fehlen. Sie werden durch *ut* (negiert *ut non*) eingeleitet.

fit,		es geschieht,	
fieri potest,		es kann geschehen,	
usu venit,	ut …	es kommt vor,	dass …
contingit,		es gelingt,	
sequitur,		es folgt,	

Fieri non potest, **ut** Hercules bestias fugiat.
*Es kann nicht geschehen, **dass** Herkules vor wilden Tieren flieht.*

§ 99 Objektsätze

Objektsätze vertreten im Satzgefüge die Stelle des Objekts. Sie geben Auskunft über die Frage »**WEN oder WAS?**«. Es gibt nur konjunktivische Objektsätze im Lateinischen.

1. Objektsätze nach Ausdrücken des Fürchtens und Hinderns

Nach Ausdrücken des **Fürchtens** und **Hinderns** werden Objektsätze durch die Konjunktion *ne* eingeleitet. Die Verwendung dieser Konjunktion erklärt sich aus dem prohibitiven Charakter des Nebensatzes. Bei der Übersetzung ins Deutsche ist die Negation in jedem Fall zu unterlassen! Zur Negation des Nebensatzes verwendet das Lateinische *ne non* oder *ut*.

vereri/timere/metuere,		fürchten,	
periculum est,	ne …	es besteht die Gefahr,	dass …
prohibere/impedire,		abhalten/hindern/verhindern,	

Iuppiter timet/veritur, **ne** Hercules vincatur.
*Jupiter fürchtet, **dass** Herkules besiegt wird.*

Periculum est, **ne** Hercules vincatur.
*Es besteht die Gefahr, **dass** Herkules besiegt wird.*

Periculum est, **ne** homines Herculem **non** colant.
(auch: … **ut** homines Herculem colant.)
*Es besteht die Gefahr, **dass** die Menschen Herkules **nicht** verehren.*

2. Objektsätze als Begehrsätze

Begehrsätze drücken immer eine innere Beteiligung des Subjekts aus, sie sind daher **innerlich abhängig** und stehen im Konjunktiv. Begehrsätze stehen nach Verben des **Bittens**, **Befehlens**, **Strebens** und **Sorgens** u. ä. Sie werden durch *ut* (negiert *ne*) eingeleitet.

orare/rogare	bitten
imperare	befehlen
adducere	
commovere	veranlassen
impellere	
persuadere	überreden
mandare	beauftragen
admonere	
hortari	ermahnen
monere	
id agere/curare	dafür sorgen
petere	erstreben
contendere	sich anstrengen
operam dare	sich bemühen
efficere	bewirken

Eurystheus Herculi imperat, **ut** cervam capiat.
*Eurystheus befiehlt dem Herkules, **dass** er die Hirschkuh fängt.*
(auch: Eurystheus befiehlt dem Herkules, die Hirschkuh zu fangen.)

Hercules efficit, **ne** homines bestias timeant.
*Herkules bewirkt, **dass** die Menschen **nicht** vor den wilden Tieren fürchten.*

§ 100 Abhängige Fragesätze

Im Lateinischen werden indirekte Fragen als Nebensätze betrachtet, die von einem *verbum dicendi* oder *sentiendi* abhängen. Sie werden als innerlich abhängig gesehen und stehen daher im obliquen Konjunktiv (im Deutschen meist im Indikativ). Sie richten sich nach der **Consecutio temporum** (vgl. § 92).

Omnes homines sciunt, cur Hercules Eurystheo **serviat**.
*Alle Menschen wissen, warum Herkules dem Eurystheus **dient**.*

Omnes homines sciunt, cur Hercules Eurystheo **serviverit**.
*Alle Menschen wissen, warum Herkules dem Eurystheus **gedient hat**.*

Omnes homines sciebant, cur Hercules Eurystheo **serviret**.
*Alle Menschen wussten, warum Herkules dem Eurystheus **dient/diente**.*

Omnes homines sciebant, cur Hercules Eurystheo **servivisset**.
*Alle Menschen wussten, warum Herkules dem Eurystheus **gedient hat/hatte**.*

Nach verneinten Ausdrücken des **Zweifelns** und **Zögerns** werden im Lateinischen abhängige Fragesätze scheinbar zu Behauptungssätzen. Sie werden mit *quin dass* eingeleitet:

Hercules: »Non dubito, **quin** filius Iovis sim.«
*Herkules sagt: »Ich zweifle nicht daran, **dass** ich ein Sohn Jupiters bin.«*

Adverbialsätze (§ 101 – § 110)

Nebensätze können im Lateinischen – wie im Deutschen auch – die Satzaussage durch zusätzliche Informationen ergänzen. Diese betreffen meist die Umstände der Hauptsatzhandlung und geben
1. den zeitlichen Rahmen an: **Temporalsätze (§ 101)**.
2. den Grund an: **Kausalsätze (§ 102)**.
3. einen Hinderungsgrund an: **Konzessivsätze (§ 103)**.
4. eine Bedingung an: **Kondizionalsätze (§ 104)**.
5. den Zweck an: **Finalsätze (§ 105)**.
6. eine Folge an: **Konsekutivsätze (§ 106)**.
7. die Art und Weise an: **Modalsätze (§ 107)**.
8. einen Gegensatz an: **Adversativsätze (§ 108)**.
9. einen Vergleich an: **Komparativsätze (§ 109)**.

§ 101 Temporalsätze

Temporalsätze (< lat. *tempus* Zeit) geben die **zeitlichen Umstände** an, zu denen sich die Handlung des übergeordneten Haupt- oder Nebensatzes ereignet (bzw. ereignet hat). Die adverbiale Ergänzung gibt Auskunft über die Frage »**WANN?**«.

Temporalsätze können mit dem **Indikativ** und mit dem **Konjunktiv** konstruiert sein. Welchen Modus das Lateinische wählt, hängt von der einleitenden Subjunktion ab. Folgende Subjunktionen solltest du kennen. Beachte dabei, welcher Modus gesetzt ist und welche Bedeutung dadurch »ausgelöst« wird!

Subjunktionen mit *Indikativ*	
dum + Präsens	während
dum	solange (als) (solange) bis
donec quoad quamdiu	solange (als)
cum quotiens	sooft/immer wenn
cum	als (plötzlich)
cum	(zu der Zeit,) als
postquam	nachdem
priusquam antequam	bevor/ehe
cum primum ut (primum) ubi (primum) simul simulac simulatque	sobald

Subjunktionen mit *Konjunktiv*	
cum	als/nachdem

1. Absolutes Tempus bei *postquam*, *dum* und *ut (primum)/ubi (primum)*

Achtung ist bei den Subjunktionen *postquam nachdem*, *dum während* und *ut (primum)/ubi (primum) sobald* geboten. Denn diese nehmen im Lateinischen ein **absolutes Tempus** zu sich. *Postquam* steht mit dem **Indikativ Perfekt**, während *dum* immer mit dem **Indikativ Präsens** steht.

Bei der Übersetzung ins Deutsche ist jedoch nur das Zeitverhältnis entscheidend, das durch die Wortbedeutungen bestimmt ist. Bei *nachdem* ist die **Vorzeitigkeit**, bei *während* die **Gleichzeitigkeit** zum Prädikat des Hauptsatzes zu wählen.

Postquam Eurystheus imperavit (Perf.), Hercules ad lacum properat (Präs.).
Herkules eilt (Präs.), **nachdem** Eurystheus den Befehl gegeben hat (Perf.), zum See.
(Das Zeitverhältnis des Nebensatzprädikats zum Prädikat des Hauptsatzes ist **vorzeitig**.)

Postquam Eurystheus imperavit (Perf.), Hercules ad lacum properavit (Perf.).
Herkules eilte (lat. Perf.), **nachdem** Eurystheus den Befehl gegeben hatte (dt. Plqpf.!), zum See.
(Das Zeitverhältnis des Nebensatzprädikats zum Hauptsatzprädikat bleibt **vorzeitig**, doch muss im Deutschen die Vorzeitigkeit zu einem Vergangenheitstempus durch das Plusquamperfekt ausgedrückt werden.)

Hercules, **dum** ad lacum **properat** (Präs.), aves videt (Präs.).
Herkules sieht (Präs.), während er zum See eilt (Präs.), die Vögel.
(Das Zeitverhältnis der Prädikate ist gleichzeitig.)

Hercules, **dum** ad lacum **properat** (Präs.), aves vidit (Perf.).
Herkules sah (lat. Perf.), während er zum See eilte (dt. Prät.!), die Vögel.
(Das Zeitverhältnis der Prädikate bleibt gleichzeitig, im Deutschen passt sich das Tempus des Nebensatzes an das Tempus des Hauptsatzes an.)

2. Die temporale Subjunktion *cum*

Die **Subjunktion** *cum* ist genau zu beachten, da sie – je nach Kontext und Verwendung – unterschiedliche Bedeutungen aufweist.

a) Das relative *cum*

Mit Indikativ drückt das *cum relativum* eine **bloße Zeitangabe** aus.

Cum Eurystheus regnabat, Hercules multa officia praestitit.
(Zu dem Zeitpunkt,) als *Eurystheus (als König) herrschte, erledigte Herkules viele Aufgaben.*

b) Das inversive *cum*

Mit Indikativ drückt das *cum inversivum* eine **überraschende Wendung** aus. Hier ist auf den lateinischen Tempusgebrauch zu achten, da der Hauptsatz die Rahmenhandlung im Imperfekt, der Nebensatz das überraschende Ereignis im Perfekt angibt.

Hercules ad lacum properabat, **cum (subito)** monstra vidit.
Herkules eilte zum See, **als** *er* **plötzlich** *die Ungeheuer sah.*

c) Das iterative *cum*

Mit Indikativ drückt das *cum iterativum* eine **Wiederholung** aus.

Cum Eurystheus imperabat, Hercules officium praestabat.
Immer wenn *Eurystheus den Befehl gab, erfüllte Herkules eine Aufgabe.*

d) Das historische *cum*

Mit Konjunktiv drückt das *cum historicum* eine **Zeitangabe** aus. Der Konjunktiv verweist jedoch auf einen inneren Zusammenhang. Meist ist neben dem rein temporalen Aspekt ein kausaler Zusammenhang herzustellen.

Cum Eurystheus imperavisset, Hercules ad lacum properavit.
Als/Nachdem *Eurystheus den Befehl gegeben hatte, eilte Herkules zum See.*

3. Die Subjunktionen *priusquam* und *antequam*

Diese beiden Subjunktionen stehen zur Angabe eines **Zeitpunktes** mit dem **Indikativ**. Bisweilen kommt jedoch auch der **Konjunktiv** vor, doch ist der Satz dann **final** gefärbt.

Hercules aves interfecit, **priusquam** eae fugerunt.
*Herkules tötete die Vögel, **bevor** diese flohen.*

Hercules aves interfecit, **priusquam** eae fugerent.
*Herkules tötete die Vögel, **bevor** diese fliehen **konnten**.*
(~ Herkules tötete die Vögel, damit es nicht dazu kommt/kam, dass diese fliehen/flohen.)

§ 102 Kausalsätze

Kausalsätze (< lat. *causa* Grund, Ursache) geben den **Grund** an, weswegen sich die Handlung des übergeordneten Haupt- oder Nebensatzes ereignet (bzw. ereignet hat). Die adverbiale Ergänzung gibt Auskunft über die Frage »**WARUM?**« oder »**AUS WELCHEM GRUND?**«.

Kausalsätze können mit dem **Indikativ** und mit dem **Konjunktiv** konstruiert sein. Welchen Modus das Lateinische wählt, hängt von der einleitenden Subjunktion ab. Folgende Subjunktionen solltest du kennen:

Subjunktionen mit *Indikativ*	
quia	weil
quod	weil/dass
quoniam	weil ja/da ja

Subjunktionen mit *Konjunktiv*	
cum	weil/da
quippe cum	da ja
praesertim cum	besonders da

1. Indikativische Kausalsätze

Die Subjunktionen *quia* und *quod* betonen einen **objektiven Grund**.

Hercules multa pericula subiit, **quia/quod** Eurystheus imperaverat.
*Herkules nahm viele Gefahren auf sich, **weil** Eurystheus es befohlen hatte.*

Bei Ausdrücken des **Lobens**, **Tadelns** und **Dankens** sowie bei Verben der **Gefühlsäußerung** kann *quod* neben dem Grund auch nur die **Tatsache** betonen. Man spricht dann vom **faktischen** *quod*. Die Übergänge sind jedoch fließend.

Hercules gaudebat, **quod** omnes bestias vicerat.
*Herkules freute sich, **dass/weil** er alle wilden Tiere besiegt hatte.*

Bisweilen können mit *quod*, *quia* und *quoniam* eingeleitete Kausalsätze auch mit dem **Konjunktiv** stehen. Der Konjunktiv deutet dann auf eine **subjektive Meinung** hin. Diese muss auch im Deutschen durch den Konjunktiv zum Ausdruck gebracht werden.

Dei Herculem laudaverunt, **quod** omnes bestias *vicisset*.
*Die Götter lobten Herkules, **weil** er (ihrer Meinung nach) alle wilden Tiere besiegt **habe**.*

Hercules Eurystheum reprehendebat, **quod** iniustus *esset*.
*Herkules tadelte Eurystheus, **weil** er (seiner Meinung nach) ungerecht **sei**.*

2. Konjunktivische Kausalsätze

Mit Konjunktiv gibt das *cum causale* eine **Begründung** an. Der Konjunktiv verweist auf einen **logischen (inneren) Zusammenhang**.

> **Cum** Eurystheus imperavisset, Hercules per totum orbem properavit.
> **Weil** Eurystheus es befohlen hatte, eilte Herkules durch den ganzen Erdkreis.

§ 103 Konzessivsätze

Konzessivsätze (< lat. *concedere, concedo, concessi, concessum einräumen, zugestehen*) geben einen Gegengrund an, der gegen die Verwirklichung der Handlung des übergeordneten Haupt- oder Nebensatzes spricht. Die adverbiale Ergänzung gibt Auskunft über die Frage »**WAS SPRICHT DAGEGEN?**«.

Konzessivsätze können mit dem **Indikativ** und mit dem **Konjunktiv** konstruiert sein. Welchen Modus das Lateinische wählt, hängt von der einleitenden Subjunktion ab. Folgende Subjunktionen solltest du kennen:

Subjunktionen mit *Indikativ*	
quamquam	obwohl/obgleich
tametsi	wenngleich auch wenn
etsi	wenngleich auch wenn

Subjunktionen mit *Konjunktiv*	
cum	obwohl
ut	zugegeben, dass gesetzt, dass
licet	angenommen, dass mag auch
quamvis	wenn auch noch so sehr wie sehr auch obgleich

Löst *cum* einen Konzessivsatz aus, spricht man vom *cum concessivum*.

> Hercules multa pericula subiit, **quamquam** filius Iovis **erat**.
> Herkules nahm viele Gefahren auf sich, **obwohl** er der Sohn Jupiters **war**.

> Hercules multa pericula subiit, **cum** filius Iovis **esset**.
> Herkules nahm viele Gefahren auf sich, **obwohl** er der Sohn Jupiters **war**.

§ 104 Kondizionalsätze

Kondizionalsätze (< lat. *condicio Bedingung*) geben eine **Bedingung** an, unter der die Verwirklichung der Handlung des übergeordneten Haupt- oder Nebensatzes eintritt oder nicht. Die adverbiale Ergänzung gibt Auskunft über die Frage »**UNTER WELCHER BEDINGUNG?**«.

Folgende kondizionale Subjunktionen solltest du kennen:

Kondizionale Subjunktionen	
si	wenn/falls
quod si	wenn nun/wenn aber
nisi	wenn nicht/falls nicht
si non (bei Einzelwörtern)	wenn nicht/falls nicht
quod nisi	wenn nun nicht/ wenn aber nicht
sin (autem)	wenn aber
siquidem	wenn wirklich

Kondizionalsätze können mit dem **Indikativ** und mit dem **Konjunktiv** konstruiert sein. Welchen Modus das Lateinische wählt, hängt davon ab, ob die Aussage als wirklich (**real**), möglich (**potential**) oder nicht-wirklich (**irreal**) dargestellt ist.

1. Indefiniter Fall

Die Bedingung (im Nebensatz) und die Folgerung (im Hauptsatz) werden als **wirklich** (real) dargestellt. Daher steht der **Indikativ aller Zeiten**.

> **Si** Hercules Eurystheo paret, pericula subit.
> **Wenn** *Herkules dem Eurystheus gehorcht, nimmt er Gefahren auf sich.*

2. Potentialer Fall

Die Bedingung (im Nebensatz) und die Folgerung (im Hauptsatz) werden als **möglich** dargestellt. Daher steht der **Konjunktiv Präsens** oder **Perfekt** als **Potentialis** (der Gegenwart). Im Deutschen bietet sich die Übersetzung mit *wohl*, *könnte* oder *dürfte* an, der deutsche Nebensatz wird nicht markiert.

> **Si** Hercules Eurystheo pareat, pericula subeat.
> **Wenn** *Herkules dem Eurystheus gehorcht, nimmt er wohl Gefahren auf sich.*
> **Wenn** *Herkules dem Eurystheus gehorcht, dürfte/könnte er Gefahren auf sich nehmen.*

3. Irrealer Fall

Die Bedingung (im Nebensatz) und die Folgerung (im Hauptsatz) werden als nicht-wirklich dargestellt. Hier wird – wie im Deutschen – für den **Irrealis der Gegenwart** der **Konjunktiv Imperfekt**, für den **Irrealis der Vergangenheit** der **Konjunktiv Plusquamperfekt** gesetzt.

> **Si** Hercules Eurystheo pareret, pericula subiret.
> **Wenn** *Herkules dem Eurystheus gehorchte/gehorchen würde, nähme er Gefahren auf sich.*
>
> **Si** Hercules Eurystheo paruisset, pericula subisset.
> **Wenn** *Herkules dem Eurystheus gehorcht hätte, hätte er Gefahren auf sich genommen.*

§ 105 Finalsätze

Finalsätze (< lat. *finis* Ende, Zweck, Ziel) geben den **Zweck** (oder die beabsichtigte Folge) an, zu dem sich die Handlung des übergeordneten Teilsatzes ereignet (bzw. ereignet hat). Die adverbiale Ergänzung gibt Auskunft über die Frage »WOZU?« oder »ZU WELCHEM ZWECK?«. Finalsätze stehen immer im Konjunktiv.

Finale Subjunktionen	
ut	dass/damit/um … zu
ne	dass nicht damit nicht
ut eo/quo	damit umso/ damit desto

Eurystheus Herculem mittit, **ut** eum perdat.
Eurystheus schickt den Herkules los, **um** *diesen* **zu** *vernichten.*

Eurystheus Herculem mittit, **ut** is interficiatur.
Eurystheus schickt den Herkules los, **damit** *dieser getötet wird/werde.*

§ 106 Konsekutivsätze

Konsekutivsätze (< lat. *consequi, consequor,* **consecutus sum** *folgen*) geben die (unbeabsichtigte) **Folge** an, die sich aus der Handlung des übergeordneten Haupt- oder Nebensatzes ergibt (bzw. ergeben hat). Die adverbiale Ergänzung gibt Auskunft über die Frage »MIT WELCHER FOLGE?«.

Konsekutivsätze stehen immer im **Konjunktiv**. Oft werden sie durch Signalwörter im Hauptsatz wie *ita/sic/tam, tantus, talis* eingeleitet.

Konsekutive Subjunktionen	
ut	dass/sodass
ut non	dass nicht sodass nicht
quam ut	als dass
quin	dass nicht (nach Negation)

Hercules tam fortis erat, **ut** monstra eum **non** vincerent.
*Herkules war so stark, **dass** ihn die Ungeheuer **nicht** besiegten/besiegen konnten.*

Im Unterschied zu den Finalsätzen, die beabsichtigte Folgen darstellen, besteht zwischen dem Hauptsatz und dem konsekutiven Nebensatz keine innere Abhängigkeit.

Im Deutschen kann man leicht unterscheiden, ob ein konsekutives oder ein finales *dass* vorliegt: Man muss nur prüfen, ob sich das *dass* durch ein finales *damit* oder ein konsekutives *so-dass* ersetzen lässt.

Im Lateinischen lassen sich verneinte Final- und Konsekutivsätze leicht unterscheiden, da Finalsätze aufgrund der inneren Abhängigkeit durch *ne*, Konsekutivsätze aufgrund der fehlenden inneren Abhängigkeit durch *ut non* verneint werden.

§ 107 Modalsätze

Modalsätze (< lat. ***modus*** *Art und Weise*) geben die **Art und Weise** an, auf die sich die Handlung des übergeordneten Haupt- oder Nebensatzes ereignet (bzw. ereignet hat). Die adverbiale Ergänzung gibt Auskunft über die Frage »**WIE?**« oder »**AUF WELCHE WEISE?**«.

Modale Adverbialsätze werden im Lateinischen nur durch das *cum identicum* (oder *explicativum*) eingeleitet. Da der Nebensatz den Hauptsatz näher erklärt, stehen die Prädikate im **Indikativ derselben Zeitstufe**. Der Indikativ lässt erkennen, dass im Lateinischen der temporale Aspekt im Vordergrund steht.

Modale Subjunktion	
cum	indem dadurch, dass wenn

Hercules Eurystheo paret, **cum** monstra temptat.
*Herkules gehorcht dem Eurystheus, **indem** er die Ungeheuer angreift.*

§ 108 Adversativsätze

Adversativsätze (< lat. ***adversus*** *gegen, dagegen*) geben einen **Gegensatz** an, der zwischen der Handlung des Nebensatzes und der Handlung des übergeordneten Haupt- oder Nebensatzes besteht (bzw. bestanden hat). Die adverbiale Ergänzung gibt Auskunft über die Frage »**IM GEGENSATZ WOZU?**«.

Adversative Adverbialsätze werden im Lateinischen nur durch das *cum adversativum* eingeleitet. Der Gegensatz zwischen den beiden Gedanken wird durch den **Konjunktiv** im Nebensatz verdeutlicht.

Adversative Subjunktion	
cum	während (dagegen)

Hercules pericula subit, **cum** Eurystheus domi sedeat.
Herkules nimmt die Gefahren auf sich, **während** *Eurystheus* **(dagegen)** *zu Hause sitzt.*

§ 109 Komparativsätze

Komparativsätze (< lat. *comparare vergleichen*) geben einen **Vergleich** an, der zwischen zwei Gedanken besteht. Sie werden mithilfe korrelativer Pronomina, Adjektive oder Adverbien eingeleitet.

1. Vergleiche im Positiv

Folgende Korrelativa werden **beim Positiv** für **Vergleiche** verwendet:

Korrelative Entsprechungen	
tantus … quantus	so groß … wie (groß)
tantum … quantum	so viel … wie
talis … qualis	ein solcher … wie
tot … quot	so viel(e) … wie
ita/sic … ut (auch sicut)	so … wie
tam … quam (bei Adj. und Adv.)	so … wie
idem … qui	derselbe … wie

Nach **Adjektiven** und **Adverbien** werden die **Gleichheit, Ähnlichkeit und Verschiedenheit** ausgedrückt durch:

qui	wie/als
atque/ac	

Hercules **tot** monstra vicit **quot** Theseus (vicit).
Herkules besiegte **so viele** *Ungeheuer* **wie** *Theseus (besiegte).*

Hercules non **eadem** officia praestitit **quae** Theseus (praestitit).
Herkules erfüllte nicht **dieselben** *Aufgaben* **wie** *Theseus.*

*Herkules erfüllte nicht **dieselben** Aufgaben, **die** Theseus erfüllte.*

2. Vergleiche im Komparativ

Folgende Korrelativa werden **beim Komparativ** für **Vergleiche** verwendet:

quo … eo …	
quanto … tanto …	je … desto …
quo … hoc …	

Quo plura officia Hercules praestiterat, **eo** magis Eurystheus eum timuit.
Je *mehr Aufgaben Herkules erfüllt hatte,* **desto** *mehr fürchtete ihn Eurystheus.*

3. Gegensätze in Vergleichen

Komparativsätze können auch **Gegensätze** zum Ausdruck bringen.

ut … sic …	zwar … aber …
ut … ita …	

Ut Hercules omnibus hominibus profuit, **sic** liberis suis nocuit.
Zwar *nützte Herkules allen Menschen,* **aber** *er schadete seinen eigenen Kindern.*

4. Vergleich und Folge

Komparativsätze können auch eine **Folge** zum Ausdruck bringen.

quam ut	als dass

Hercules fortior erat, **quam ut** vinci posset.
Herkules war zu stark, **als dass** *er besiegt werden konnte.*

5. Vergleich und Bedingung

Komparativsätze können auch eine **Bedingung** zum Ausdruck bringen. Da es sich bei diesen Vergleichen um Annahmen handelt, steht im Lateinischen und im Deutschen der **Konjunktiv**. Bei der Übersetzung ins Deutsche wird sogar der Irrealis verwendet.

quasi tamquam (si) ut si velut si ac si	wie wenn/als ob
perinde ac si proinde ac si	gerade als ob

Hercules **ita** egit, **quasi** omnes homines adiuvare vellet.
Herkules handelte so, als ob er allen Menschen hätte helfen wollen.
Herkules handelte so, wie wenn er allen Menschen hätte helfen wollen.

§ 110 Zusammenfassende Übersicht zu *ut* und *cum*

ut und cum

keine Subjunktion — Subjunktion

ut

	im Vergleich *wie*	mit Indikativ → **temporal**	mit Konjunktiv → **nicht temporal**
		sobald	*dass/sodass* (konsekutiv, Negation: *ut non*)
			damit/dass/um … zu (final, Negation: *ne*)

cum

	als Präposition *mit*	mit Indikativ → **temporal**	mit Konjunktiv → **temporal oder nicht temporal**
		als/als plötzlich/(immer) wenn/sooft	*als/nachdem* (temporal)
			weil/da (kausal)
			obwohl (konzessiv)
			während (dagegen) (adversativ)

Unterschiede zwischen dem Lateinischen und dem Deutschen (§ 111 – § 137)

Partizipialkonstruktionen (§ 111 – § 119)

Das verbundene Partizip (Participium coniunctum) (§ 111 – § 116)

Die Bezeichnung »**Partizip**« kommt vom lateinischen Wort *particeps* (*pars, capere*) *teilhaftig, Anteil habend*. Das Partizip hat nämlich einerseits durch seine Formen Anteil an den **Substantiven**, andererseits durch das **Zeitverhältnis** und das **Genus verbi** (Aktiv/Passiv) an den **Verben**. Im Deutschen wird daher auch der Begriff »**Mittelwort**« verwendet.

Das Lateinische besitzt drei Partizipien, bei denen auf das **Genus verbi** und das von ihnen angegebene **Zeitverhältnis** (vorzeitig – gleichzeitig – nachzeitig) zu achten ist:

	Vorzeitigkeit	Gleichzeitigkeit	Nachzeitigkeit
Aktiv	–	Partizip Präsens Aktiv **PPA** lauda**ns**, lauda**nt**is	Partizip Futur Aktiv **PFA** lauda**turus**, a, um
Passiv	Partizip Perfekt Passiv **PPP** lauda**tus**, a, um	–	–
Merkmal	-**tus**, -ta, -tum -**sus**, -sa, -sum	-**nt**-	-**turus**, -tura, -turum -**surus**, -sura, -surum

§ 111 Die Funktionsweise des verbundenen Partizips

Das Partizip ist der Form nach ein Adjektiv und kann auch als solches verwendet werden. Es bezieht sich dabei (meist) auf ein Nomen, mit dem es in **Kasus, Numerus** und **Genus (KNG)** übereinstimmt und somit verbunden ist. Daher nennt man das Partizip, das sich auf Subjekt, Objekt oder Attribut bezieht, **verbundenes Partizip (VP)** (lat. **Participium coniunctum, PC**).

Von einem verbundenen Partizip können wiederum Objekte oder Adverbialien abhängen. Diese werden in der Regel vom Partizip und seinem Bezugswort eingerahmt. Man nennt diese Umrahmung eine **geschlossene Wortstellung**.

Das verbundene Partizip lässt sich als eigenständiger Satz/Gedanke auffassen, der in einen anderen »hineingeschoben« worden ist. Da das verbundene Partizip »so viel wert ist wie ein ganzer Satz«, spricht man auch von einer »**satzwertigen Konstruktion**«.

Hercules per montes properavit.
Hercules Atlantem vidit. } Hercules per montes properans Atlantem vidit.

Hercules eilte durch die Berge.
Herkules sah Atlas. } Der durch die Berge eilende Herkules sah Atlas.

Hercules ab Eurystheo missus est.
Hercules mala quaesivit.
} Hercules ab Eurystheo missus mala quaesivit.

Herkules wurde von Eu. geschickt.
Herkules suchte die Äpfel.
} Der von Eurystheus geschickte Herkules suchte die Äpfel.

§ 112 Das verbundene Partizip (in attributiver Verwendung)

1. Das verbundene Partizip als reines Attribut

Das verbundene Partizip kann ein Nomen als Attribut näher erklären. Das Partizip gibt Antwort auf die Fragen »**WAS FÜR EIN?**« oder »**WELCHER?**«.

Hercules ... Atlantem vidit.
Herkules sah Atlas.

Hercules per montes properans Atlantem vidit.
Der durch die Berge eilende Herkules sah Atlas.
Herkules, der durch die Berge eilte, sah Atlas.

Hercules ... ab Atlante auxilium petivit.
Herkules erbat von Atlas Hilfe.

Hercules ab Eurystheo missus ab Atlante auxilium petivit.
Der von Eurystheus geschickte Herkules erbat von Atlas Hilfe.
Herkules, der von Eurystheus geschickt worden war, erbat von Atlas Hilfe.

2. Das dominante Partizip

Bisweilen lässt sich ein rein attributives Partizip ins Deutsche sehr frei übersetzen, indem die durch das Partizip ausgedrückte Handlung **substantiviert** wiedergegeben wird.

Homines monstra superata admirati sunt.
[wörtlich: Die Menschen bestaunten die besiegten Ungeheuer.]
Die Menschen bestaunten den Sieg/die Siege über die Ungeheuer.

§ 113 Das verbundene Partizip (in prädikativer Verwendung)

1. Das prädikative Partizip in Verbindung mit *esse*

a) Das prädikative Partizip im Passiv des Perfektstamms

Das Partizip Perfekt Passiv drückt in Verbindung mit *esse* als Verbalform des Perfektstamms Passiv eine passive Handlung in der Vergangenheit oder manchmal einen Zustand aus, der daraus resultiert.

> Monstra interfecta sunt.
> *Die Ungeheuer sind getötet worden/wurden getötet. (Betonung der Handlung)*
> *Die Ungeheuer sind getötet. (Betonung des Zustands, d. h. sie **sind** tot.)*

b) Die Coniugatio periphrastica activa

Das Partizip Futur Aktiv drückt in Verbindung mit *esse* eine Umschreibung des Futurs aus, wobei jedoch im Gegensatz zum Futur I die **Absicht** im Vordergrund steht. Man nennt diese Verbindung **Coniugatio periphrastica activa**.

> Hercules: »Monstra interficiam.«
> *Herkules: »Ich werde die Ungeheuer töten.«*

> Hercules: »Monstra interfecturus sum.«
> *Herkules: »Ich will die Ungeheuer töten/bin im Begriff, die Ungeheuer zu töten.«*

2. Der Akkusativ mit Partizip nach Verben der Wahrnehmung

Das Lateinische nutzt meist den Accusativus cum Infinitivo (AcI) (vgl. § 123 ff.), um eine sinnliche Wahrnehmung mitzuteilen. Während der AcI jedoch lediglich die Wahrnehmung als Tatsache beschreibt, betont der **Accusativus cum Participio (AcP)** das Erleben des Vorgangs.

Betonung der Tatsache:

> Dei audiverunt **Herculem** cervam **persequi**. (AcI)
> *Die Götter hörten, **dass** Herkules die Hirschkuh verfolgt(e).*

Betonung der wahrgenommenen Umstände (z. B. Schritte, Schnaufen):

> Dei audiverunt **Herculem** cervam **persequentem**. (AcP)
> *Die Götter hörten, **wie** Herkules die Hirschkuh verfolgt(e).*

§ 114 Das verbundene Partizip (in adverbialer Verwendung)

1. Verschiedene Sinnrichtungen des Partizips

Das verbundene Partizip kann nicht nur als Attribut zu einem Nomen aufgefasst werden, sondern es kann auch als **Adverbiale** die vom Prädikat ausgedrückte Satzaussage ergänzen. Bei der Übersetzung ins Deutsche wird es daher meist als Nebensatz wiedergegeben. Am häufigsten entstehen **temporale**, **kausale** und **konzessive Nebensätze**, z. B.:

Hercules per montes **properans** Atlantem vidit.
*Herkules sah, **während/als er** durch die Berge eilte, den Atlas.*

Hercules ab Eurystheo **missus** mala quaesivit.
*Herkules suchte, **nachdem/als/weil er** von Eurystheus geschickt worden war, die Äpfel.*

Atlas Herculem viam non **invenientem** adiuvit.
*Atlas half dem Herkules, **als/weil dieser** den Weg nicht fand.*

2. Modale Sinnrichtung des Partizips

Ist ein **Partizip Präsens Aktiv** auf das Subjekt (bzw. im AcI auf den Subjektsakkusativ) bezogen, so ist auch die **modale Sinnrichtung** möglich.

Hercules caelum **fulciens** Atlantem adiuvit.
*Herkules unterstützte Atlas, **indem** er den Himmel **stützte**.*

3. Finale Sinnrichtung des Partizips

Das **Partizip Futur Aktiv** gibt meist die **finale Sinnrichtung** vor:

Hercules Atlantem misit mala **accepturus**.
*Herkules schickte Atlas, **um** die Äpfel **zu erhalten**.*

Hercules Atlantem misit mala **laturum**.
*Herkules schickte Atlas, **damit** dieser die Äpfel **hole/holte**.*
*Herkules schickte Atlas, **der** die Äpfel **holen solle/sollte**.*

§ 115 Weitere Übersetzungsmöglichkeiten des adverbial verwendeten verbundenen Partizips

Es gibt neben der Übersetzung mit Adverbialsatz noch weitere Möglichkeiten. Sie erfordern allerdings gewisses Geschick, um eine einwandfreie Übersetzung zu schaffen. Dazu kann der Partizipialausdruck durch **Präpositionalausdruck** und **Beiordnung** wiedergegeben werden. Die Sinnrichtung muss aus dem Kontext treffend ermittelt und ausgedrückt werden.

Die temporale Sinnrichtung ist eine gute Ausgangsbasis für weitere Überlegungen.

		Hercules monstra superans sibi magnam gloriam paravit.
temporal	Adverbialsatz	**Als/während** *Herkules die Ungeheuer besiegte, erwarb er sich großen Ruhm.*
	Beiordnung	*Herkules besiegte die Ungeheuer* **und** *erwarb sich* **währenddessen** *großen Ruhm.*
	Präpositionalausdruck	**Während** *seines Sieges über die Ungeheuer erwarb sich Herkules großen Ruhm.*
kausal	Adverbialsatz	**Weil** *Herkules die Ungeheuer besiegte, erwarb er sich großen Ruhm.*
	Beiordnung	*Herkules besiegte die Ungeheuer* **und** *erwarb sich* **deshalb** *großen Ruhm.*
	Präpositionalausdruck	**Wegen** *seines Sieges über die Ungeheuer erwarb sich Herkules großen Ruhm.*

§ 116 Besonderheiten im Zeitverhältnis des Partizips

Trotz eines der Form nach eindeutig vorzeitigen Zeitverhältnisses sind aufgrund ihrer Wortbedeutung einige Partizipien meist gleichzeitig aufzufassen:

ratus/arbitratus	*in der Meinung*
veritus	*aus Furcht*
usus	*unter Benutzung*
secutus	*folgend*
admiratus	*voll Bewunderung*
gavisus	*voll Freude*

Hercules dolo **usus** Atlantem superavit.
Herkules überwand Atlas **durch die Anwendung** *einer List.*
Herkules überwand Atlas, **indem/weil** *er eine List anwandte.*

Der Ablativus absolutus (§ 117 – § 119)

§ 117 Der Aufbau eines Ablativus absolutus

Der **Ablativus absolutus** ist zwar in seiner Bildung dem verbundenen Partizip sehr ähnlich (KNG!), da an ein **Nomen im Ablativ** entweder ein **PPA** (Gleichzeitigkeit) oder ein **PPP** (Vorzeitigkeit) angeschlossen wird. Von den Partizipien können jeweils wieder Objekte oder Adverbiale abhängen.

In seiner Verwendung aber ist der losgelöste Ablativ (lat. **Ablativus absolutus, Abl. abs.**) eigentlich das Gegenteil zum verbundenen Partizip, da er sich auf kein Satzglied des Hauptsatzes bezieht, sondern grammatikalisch vollkommen vom Hauptsatz **losgelöst** ist. (Daher auch der Name!)

Der Ablativus absolutus ist grammatikalisch gesehen **satzwertig**; er entspricht also einem eigenen Satz, der in einen anderen Satz hineingezogen ist und diesen (**losgelöst vom übergeordneten Satz**) als »freies« **Adverbiale** ergänzt.

§ 118 Die Übersetzung eines Ablativus absolutus

Da der Ablativus absolutus an kein Satzglied des Kernsatzes angeschlossen ist, ist die wörtliche Übersetzung oder die Übersetzung mit Relativsatz *nicht* möglich. Dagegen bietet sich die Übersetzung mit einem Adverbialsatz (bzw. mit Beiordnung oder Präpositionalausdruck) an.

Das **Nomen im Ablativ** wird dabei zum **Subjekt** des Nebensatzes, das **Partizip** zum **Prädikat**. Die jeweilige Sinnrichtung muss aus dem Kontext erschlossen werden.

> Malis latis Atlas Herculem ab onere liberare noluit.
> *Nachdem die Äpfel geholt worden waren,* wollte Atlas Herkules nicht von der Last befreien.

Beim Ablativus absolutus sind – je nach Zusammenhang – die gleichen Sinnrichtungen möglich wie beim verbundenen Partizip.

Hercule liberato	omnes dei laeti erant.
temporal	
Nachdem/als Herkules befreit worden war,	waren alle Götter froh.
kausal	
Weil Herkules befreit worden war,	waren alle Götter froh.
konzessiv	
Obwohl Herkules befreit worden war,	waren alle Götter froh.

Es gibt – ebenfalls wie beim verbundenen Partizip – mehrere Möglichkeiten der Übersetzung:

Hercule liberato omnes dei laeti erant.		
temporal	Adverbialsatz	**Nachdem/als** *Herkules befreit worden war, waren alle Götter froh.*
	Beiordnung	*Herkules war befreit worden* **und dann** *waren alle Götter froh.*
	Präpositionalausdruck	**Nach** *der Befreiung des Herkules waren alle Götter froh.*
kausal	Adverbialsatz	**Weil** *Herkules befreit worden war, waren alle Götter froh.*
	Beiordnung	*Herkules war befreit worden* **und deshalb** *waren alle Götter froh.*
	Präpositionalausdruck	**Wegen** *der Befreiung des Herkules waren alle Götter froh.*
konzessiv	Adverbialsatz	**Obwohl** *Herkules befreit worden war, waren alle Götter froh.*
	Beiordnung	*Herkules war befreit worden,* **aber trotzdem** *waren alle Götter froh.*
	Präpositionalausdruck	**Trotz** *der Befreiung des Herkules waren alle Götter froh.*

§ 119 Der Ablativus absolutus mit Prädikatsnomen

Der Ablativus absolutus kann nicht nur dadurch gebildet sein, dass ein Partizip zu einem Substantiv im Ablativ tritt. Anstelle des Partizips kann auch ein **Substantiv** oder **Adjektiv** als **Prädikatsnomen** hinzutreten. Diese Konstruktion kommt seltener vor und ist auf wenige Ausdrücke beschränkt, die du am besten auswendig lernst:

Eurystheō rege	*unter der Herrschaft des Eurystheus*
Hercule duce	*unter der Führung des Herkules*
Iove auctore	*auf Veranlassung Jupiters*
Hercule vivō	*zu Lebzeiten des Herkules*
Hercule mortuō	*nach dem Tod des Herkules*
Hercule amicō	*durch die Freundschaft mit Herkules*
Cicerone consule	*während des Konsulats des Cicero*
Tiberio imperatore	*unter der Herrschaft des Tiberius*

Infinitivkonstruktionen (§ 120 – § 127)

§ 120 Form und Bedeutung des Infinitivs

Der **Infinitiv** ist die **Grundform** des Verbs. Er hat keine Personalendung; die Form ist deshalb hinsichtlich der Person und des Numerus unbestimmt (in-finit). Der **Infinitiv Präsens Aktiv** hat die Endung *-re*.

supera-**re**	besiegen
duc-e-**re**	führen

Neben dem Infinitiv Präsens Aktiv kennt das Lateinische auch den Infinitiv Präsens Passiv und natürlich auch die Infinitive Perfekt Aktiv und Passiv sowie die Infinitive Futur Aktiv und Passiv. Infinitive bringen jeweils neben der aktiven und passiven Bedeutung auch noch ein **Zeitverhältnis** (Vor-, Gleich- oder Nachzeitigkeit) zum Ausdruck:

	Zeitverhältnis	Form	Übersetzung
Infinitiv Präsens Aktiv	gleichzeitig	superare monere mittere	besiegen mahnen schicken
Infinitiv Präsens Passiv	gleichzeitig	superari moneri mitti	besiegt (zu) werden gemahnt (zu) werden geschickt (zu) werden
Infinitiv Perfekt Aktiv	vorzeitig	superavisse monuisse misisse	besiegt (zu) haben gemahnt (zu) haben geschickt (zu) haben
Infinitiv Perfekt Passiv	vorzeitig	superatum esse monitum esse missum esse	besiegt (worden) (zu) sein gemahnt (worden) (zu) sein geschickt (worden) (zu) sein
Infinitiv Futur Aktiv	nachzeitig	superaturum esse moniturum esse missurum esse	Die futurischen Infinitive werden bei der Übersetzung ins Deutsche oft mit präsentischen Infinitiven wiedergegeben.
Infinitiv Futur Passiv	nachzeitig	superatum iri monitum iri missum iri	

§ 121 Der Infinitiv als Subjekt

Der Infinitiv kann – wie auch im deutschen Satz – die Funktion des **Subjekts** übernehmen. Er lässt sich daher mit »**(WER oder) WAS?**« erfragen.

> Iucundum est de Hercule **audire**.
> *Es ist angenehm … (WER oder) WAS ist angenehm?*
> *Es ist angenehm, von Herkules zu hören.*
>
> Iucundum est de Hercule **audivisse**.
> *Es ist angenehm, von Herkules gehört zu haben.*

Der **Subjektsinfinitiv** steht im Lateinischen oft nach bestimmten unpersönlichen Ausdrücken:

decet (dedecet)	*es schickt sich (nicht)*
interest/refert	*es ist wichtig*
iuvat	*es erfreut/es nützt*
licet	*es ist erlaubt*
necesse est	*es ist notwendig*
oportet	*es gehört sich*
placet	*es gefällt*

§ 122 Der Infinitiv als Objekt

Der Infinitiv kann – wie im Deutschen – im Satz nach bestimmten Verben die Funktion des **Objekts** übernehmen. Dabei handelt es sich um **transitive** Verben (bzw. Modalverben), die noch einer Ergänzung bedürfen, um eine sinnvolle Aussage auszudrücken. Der Objektsinfinitiv lässt sich als Objekt mit »**(WEN oder) WAS?**« erfragen.

> Hercules … debet.
> *Herkules muss … WAS muss er?*
> Hercules *bestias* **vincere** debet.
> *Herkules muss die wilden Tiere besiegen.*

Der **Objektsinfinitiv** steht im Lateinischen oft nach …

conari/temptare	*versuchen*
contendere/studere	*sich anstrengen, sich bemühen*
cupere	*begehren, wünschen*
debere	*müssen*
desinere/desistere	*aufhören*
incipere (Perf. coepisse)	*anfangen*
parare	*vorhaben*
posse	*können*
scire/nescire	*wissen/nicht wissen*

solere/consuevisse	*gewohnt sein, pflegen*
statuere/constituere	*beschließen*
velle/nolle/malle	*wollen/nicht wollen/lieber wollen*

Bei diesen Verben steht der bloße Infinitiv nur, wenn das Subjekt nicht wechselt. Tritt ein Subjektswechsel ein, so folgt (meist) ein AcI (vgl. § 126,1).

§ 123 Der Akkusativ mit Infinitiv (AcI)

Wie im Deutschen kann der Objektsinfinitiv in enge Verbindung mit einem weiteren Akkusativobjekt treten:

Video Herculem (1) venire (2).
Ich sehe Herkules (1). Ich sehe »sein Kommen« (2).

Diese Kombination des Akkusativobjekts und des Infinitivobjekts kann man sich bei Verben der Wahrnehmung auch als Vereinigung zweier ursprünglich unabhängiger Sätze erklären.

Video: Hercules venit.
Ich sehe: Herkules kommt.

Nun ist es möglich, diese beiden Aussagen in einem einzigen Satz zusammenzufassen. Im Deutschen ist nach Verben der Wahrnehmung die wörtliche Übersetzung mit Infinitiv ebenfalls möglich.

Video Herculem **venire**.

Wörtliche Übersetzung:

Ich sehe Herkules **kommen**.

Da hierdurch zwei Sätze zu einem einzigen Satz zusammengefasst werden, ersetzt also die neue Konstruktion gewissermaßen einen ganzen Satz. Man spricht daher von einer **satzwertigen Konstruktion**. Diese wird nach ihren Bestandteilen **Accusativus cum Infinitivo** – kurz: **AcI** – genannt.

Der AcI macht eine Aussage darüber, was tatsächlich geschieht. Ursprünglich ist der AcI aus Konstruktionen mit Verben der Wahrnehmung (z. B. *audire*, *videre*) entstanden.
    Später wurde er auch für Aussagen nach Verben des **Glaubens**, **Wissens**, **Sagens**, der **Gefühlsbewegung** (Stimmung) und nach **unpersönlichen Ausdrücken** (z. B. *constat*) verwendet.

§ 124 Die Übersetzung des AcI ins Deutsche

Der AcI steht nur nach bestimmten einleitenden Verben:
- des **Sagens** *(verba dicendi)*
- des **Meinens**, **Wissens** und der **Wahrnehmung** *(verba sentiendi)*
- der **Gefühlsäußerung** *(verba affectus)*
- sowie nach **unpersönlichen Ausdrücken** (*constat*, *oportet*, *necesse est*, *apparet*)

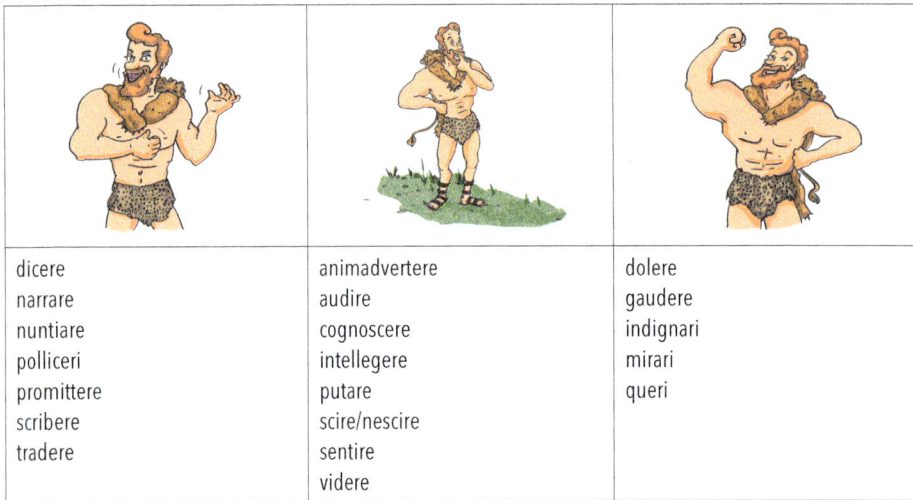

dicere	animadvertere	dolere
narrare	audire	gaudere
nuntiare	cognoscere	indignari
polliceri	intellegere	mirari
promittere	putare	queri
scribere	scire/nescire	
tradere	sentire	
	videre	

Da diese Verben alle etwas mit einer geistigen Tätigkeit zu tun haben, spricht man zusammenfassend auch von »**Kopfverben**«.

Bei Verben der Wahrnehmung ist manchmal eine wörtliche Übersetzung ins Deutsche möglich. Daneben gibt es aber auch hier die Möglichkeit der Wiedergabe ins Deutsche mit einem *dass*-**Satz**.

> Video *Herculem* **venire**.
> *Ich sehe*, dass Herkules **kommt**.

Bei der Übersetzung ins Deutsche wird dabei der (Objekts-)Infinitiv zum Prädikat, das Akkusativobjekt zum Subjekt des *dass*-**Satzes**. Daher spricht man auch vom **Subjektsakkusativ des AcI**. Die Wiedergabe des AcI mit *dass* ist immer möglich.

Natürlich kann der Infinitiv eines transitiven Verbs auch wieder ein »normales« Akkusativobjekt zu sich nehmen. Es ist dann besonders darauf zu achten, welcher Akkusativ der **Subjektsakkusativ** und welcher das »normale« Akkusativobjekt ist. Manchmal klärt sich dies nur aus dem Kontext; die Wortstellung ist nicht entscheidend:

Video	Herculem	gigantem	interficere.
Ich sehe, dass	Herkules	den Riesen	tötet.
	Subjektsakkusativ	Akkusativobjekt	Prädikatsinfinitiv
Video	Herculem	gigantem	interficere.
Ich sehe, dass	den Herkules	der Riese	tötet.
	Akkusativobjekt	Subjektsakkusativ	Prädikatsinfinitiv

Zusammengefasst besteht ein AcI also aus drei notwendigen Bestandteilen:
- dem einleitenden Kopfverb
- dem Infinitiv
- dem Subjektsakkusativ

Nur wenn **alle** drei Komponenten zusammentreffen, liegt ein AcI vor. Dies gilt es zu überprüfen!

Hercules *gigantem* (Akkusativ) manibus *vincere* (Infinitiv) temptat.
Herkules versucht, den Riesen mit seinen Händen zu besiegen.

Es liegt kein AcI vor, da (1) *temptare* kein Kopfverb ist und (2) der Riese Akkusativobjekt zu *vincere* ist.

§ 125 Das Zeitverhältnis im AcI

Da der Infinitiv im Lateinischen ein Zeitverhältnis ausdrückt, ist dieses auch beim AcI zu beachten.

Dabei zeigt	der Infinitiv Präsens	die Gleichzeitigkeit	zum Prädikat an.
	der Infinitiv Perfekt	die Vorzeitigkeit	
	der Infinitiv Futur	die Nachzeitigkeit	

Bei der Übersetzung ins Deutsche ist auf die korrekte Wiedergabe des Zeitverhältnisses zu achten, wenngleich die deutsche Sprache hier manchmal mehrere Varianten zulässt:

Gleichzeitigkeit	
Scio Herculem gigantem **interficere**.	Sciebam Herculem gigantem **interficere**.
Ich weiß, dass Herkules den Riesen **tötet**.	Ich wusste, dass Herkules den Riesen **tötet/tötete**.
Vorzeitigkeit	
Scio Herculem gigantem **interfecisse**.	Sciebam Herculem gigantem **interfecisse**.
Ich weiß, dass Herkules den Riesen **getötet hat/tötete**.	Ich wusste, dass Herkules den Riesen **getötet hatte**.
Nachzeitigkeit	
Scio Herculem gigantem **interfecturum esse**.	Sciebam Herculem gigantem **interfecturum esse**.
Ich weiß, dass Herkules den Riesen **töten wird**.	Ich wusste, dass Herkules den Riesen **töten wird/werde/würde**.

§ 126 Einige Besonderheiten des AcI

1. Der AcI nach Verben des Begehrens

Der AcI steht auch nach einigen Verben des **Begehrens**, sofern ein Subjektswechsel im Satz enthalten ist:

cupere	*begehren, wünschen*
velle/nolle/malle	*wollen/nicht wollen/lieber wollen*

Herculem gigantem interficere volo/cupio.
Ich *will/wünsche, dass* **Herkules** *den Riesen tötet.*

2. Der AcI nach Verben des Befehlens und Verbietens

Der AcI steht auch nach einigen Verben des **Befehlens** und **Verbietens**, sofern diese im Aktiv stehen:

iubere	*befehlen, beauftragen*
pati	*zulassen, dulden*
sinere	*lassen, zulassen*
vetare	*verbieten*

Wird auf die Nennung der beauftragten Person verzichtet, so steht bei diesen einleitenden Worten die AcI-Konstruktion im Passiv.

> Eurystheus boves Geryonis ex Hispania **arcessi** iubet.
> *Eurystheus befiehlt, die Rinder des Geryones aus Spanien* **zu** *holen.*
> [eigentlich: Eurystheus befiehlt, dass die Rinder des Geryones aus Spanien geholt werden.]

3. Der AcI nach Verben des Hoffens und Versprechens

Nach Verben des **Hoffens** und **Versprechens** setzt das Lateinische den Infinitiv Futur, um die Nachzeitigkeit des Erhofften oder Versprochenen auszudrücken. Die Nachzeitigkeit kann auch durch *posse, velle* oder *fore (~ futurum esse), ut ...* umschrieben werden.

> Eurystheus speravit Geryonem Herculem interfecturum esse.
> Eurystheus speravit **fore, ut** Geryones Herculem interficeret.
> *Eurystheus hoffte, dass Geryones (den) Herkules töten wird/werde/würde.*

4. Der Gebrauch der Pronomina beim AcI

Für **Personal-** und **Possessivpronomina**, die sich auf das Subjekt des dem AcI übergeordneten Hauptsatzes beziehen, sind die reflexiven Formen zu verwenden, da der **AcI** nicht als eigener Gliedsatz, sondern nur als **Satzglied** aufgefasst wird. Sind das Subjekt des AcI und des übergeordneten Satzes identisch, so wird der **Subjektsakkusativ** stets durch das Reflexivpronomen *se* zum Ausdruck gebracht (vgl. Sus(u)-Regel § 46):

> Hercules speravit **se** Geryonem manibus **suis** interfecturum esse.
> *Herkules hoffte, dass* **er** *Geryones mit* **seinen** *Händen töten werde.*

§ 127 Der Nominativ mit Infinitiv (NcI)

Ein doppelter Akkusativ wird zu einem doppelten Nominativ, sobald der Ausdruck ins Passiv gesetzt wird (vgl. § 60):

> Homines Herculem **fortem** putant.
> *Die Menschen halten Herkules* **für tapfer**.

> Hercules ab hominibus **fortis** putatur.
> *Herkules wird von den Menschen* **für tapfer** *gehalten.*

In ähnlicher Weise lässt sich ein AcI in einen **Nominativus cum Infinitivo** (**NcI**) umwandeln, wenn das Verb, von dem die Konstruktion abhängt, ins Passiv tritt.

Homines Herculem fortem esse putant.
Die Menschen glauben, **dass Herkules tapfer ist.**

Hercules ab hominibus **fortis esse** putatur.
Es wird von den Menschen geglaubt, **dass Herkules tapfer ist.**

Dabei musst du beachten, dass der NcI »**persönlich**« konstruiert wird, d. h. das einleitende Verb richtet sich nach der Person des Subjekts:

Deus Herculem saepe servavisse dici**tur**.
a) **Es wird gesagt, dass der Gott** *Herkules oft gerettet hat/habe.*
b) **Es wird gesagt, der Gott** *hat/habe Herkules oft gerettet.*
c) **Man sagt, dass der Gott** *Herkules oft gerettet hat/habe.*
d) **Man sagt, der Gott** *hat/habe Herkules oft gerettet.*
e) **Der Gott** *hat –* **wie man sagt** *– Herkules oft gerettet.*
f) **Der Gott soll** *Herkules oft gerettet haben.*

Dei Herculem saepe servavisse dicun**tur**.
a) **Es wird gesagt, dass die Götter** *Herkules oft gerettet haben.*
b) …

Der NcI findet sich vor allem nach Formen der 3. Person Passiv, z. B.

traditur	*es wird überliefert, dass …; man überliefert, dass …*
putatur	*es wird geglaubt, dass …; man glaubt, dass …*
videtur	*er/sie/es scheint …*
dicitur	*es wird gesagt, dass …; man sagt, dass …; er/sie/es soll …*

Gerundium und Gerundiv (§ 128 – § 135)

Beide Wortformen werden von Verben durch das Anhängen von *-nd-* gebildet. Das **Gerundium** entspricht der **Substantivierung des Infinitivs** mit aktiver Bedeutung. Das **Gerundiv** (< lat. *gerere ausführen*) ist ein **Verbaladjektiv** mit **passiver Bedeutung** (*»werden«*), das die **Notwendigkeit** (*»müssen«*) zum Ausdruck bringt.

§ 128 Das Gerundium

Im Lateinischen besteht – wie im Deutschen – die Möglichkeit, den Infinitiv Präsens Aktiv zu substantivieren und zu deklinieren. Dabei wird zwischen Verbalstamm und Endung *-nd-* (in der konsonantischen Konjugation und in der ī-Konjugation *-end-*) eingefügt. Das Gerundium tritt nur im Singular auf.

Nom.	superare	besiegen	monere, monendi …
Gen.	superand**i**	des Besiegens	mittere, mittendi …
Dat.	superand**o**	dem Besiegen	capere, capiendi …
Akk.	(ad) superand**um**	(zum) Besiegen	audire, audiendi …
Abl.	superand**o**	durch (das) Besiegen	

§ 129 Übersetzung und Verwendung des Gerundiums

Im Deutschen gibt es folgende Möglichkeiten der Wiedergabe eines Gerundiums:

ars pugnandi	**bloßer Infinitiv**	*die Kunst* **zu kämpfen**
	substantivierter Infinitiv	*die Kunst* **des Kämpfens**
	(Verbal-)Substantiv	*die Kunst* **des Kampfes**
		die **Kampf***kunst*

Das Gerundium behält seinen verbalen Charakter. Es kann deshalb durch ein Adverb näher bestimmt werden und auch Objekte zu sich nehmen.

ars **bene** pugnandi *die Kunst,* **gut** *zu kämpfen*
ars **bestias** interficiendi *die Kunst,* **wilde Tiere** *zu töten*

Im Ablativ wird im Deutschen das Gerundium nicht selten durch einen modalen Adverbialsatz (*indem/dadurch, dass*) wiedergegeben.

Laborando Hercules deus fit.
Indem er sich anstrengt, *wird Herkules ein Gott.*
Dadurch, dass er sich anstrengt, *wird Herkules ein Gott.*

§ 130 Das Gerundiv

Das Gerundiv ist ein **Verbaladjektiv**, d.h. es wird von einem Verb abgeleitet. Die Bildung erfolgt durch das Anhängen von *-(e)nd-* an den Verbalstamm. Die Endungen sind die der Adjektive der a-/o-Deklination.

Das Gerundiv hat dabei immer **passive Bedeutung** *(»werden«)* und nimmt den Aspekt der **Notwendigkeit** *(»müssen«)* zu sich.

vocand**us**   *einer, der gerufen werden muss; ein zu Rufender*
interficiend**us**   *einer, der getötet werden muss; ein zu Tötender*

Das Gerundiv wird – wie ein Adjektiv – auf zweierlei Weisen verwendet: **prädikativ** und **attributiv**.

§ 131 Das prädikative Gerundiv

Das Gerundiv steht häufig in Verbindung mit Formen von *esse* und ergänzt diese als Prädikatsnomen **prädikativ**. Es drückt eine Handlung aus, die ausgeführt *werden muss* bzw. *nicht* ausgeführt *werden darf*.

Cerberus ad Eurystheum portand**us** est.
*[wörtlich: Der Zerberus ist einer, der zu Eurystheus gebracht **werden muss**.]*
Der Zerberus **muss** zu Eurystheus gebracht **werden**.

Sed Cerberus <u>non</u> interficiend**us** est.
*[wörtlich: Aber der Zerberus ist einer, der <u>nicht</u> getötet **werden darf**.]*
Aber der Zerberus **darf** <u>nicht</u> getötet **werden**.

1. Das prädikative Gerundiv bei transitiven Verben

Das von **transitiven Verben** gebildete prädikative Gerundiv steht dabei mit seinem Bezugswort in **KNG-Kongruenz**, d.h. es wird »**persönlich**« konstruiert.

Cerberus superand**us** est.
*Der Zerberus **muss** überwältigt **werden**.*

2. Das prädikative Gerundiv bei intransitiven Verben

Dagegen wird das von **intransitiven Verben** gebildete prädikative Gerundiv »**unpersönlich**« konstruiert. Es steht im **Neutrum Singular**; als Ergänzung tritt der Kasus hinzu, den das betreffende Verb regiert:

> Cerbero (!) parcen**dum** non **est**.
> [wörtlich: Dem Zerberus muss/darf keine Schonung gewährt werden.]
> freier: Der Zerberus muss/darf nicht geschont werden.

3. Der Dativ des Urhebers beim prädikativen Gerundiv

Die **Person**, von der die Handlung ausgeführt werden muss, steht im **Dativ des Urhebers (Dativus auctoris)** (vgl. § 68). Bei der Übersetzung ins Deutsche ist auch eine Umwandlung ins Aktiv erlaubt. Allerdings ist bei der Umwandlung auf das richtige Bezugsverhältnis zu achten!

> Cerberus Herculi superan**dus est**.
> Der Zerberus **muss** von Herkules überwältigt **werden**.
> = Herkules muss den Zerberus überwältigen.

Zur Vermeidung von Unklarheiten kann statt des Dativs des Urhebers auch die Präposition *a/ab* mit Ablativ stehen, um die handelnde Person auszudrücken.

§ 132 Das attributive Gerundiv

Das Gerundiv tritt als Verbaladjektiv häufig als Attribut zu einem Nomen und erklärt dieses näher. Das **attributive Gerundiv** richtet sich in KNG nach dem Bezugswort. Bisweilen ist im Deutschen eine wörtliche Übersetzung mit *-wert* und/oder *-lich* möglich.

> vir laudandus   *ein zu lobender Mann*
>   *ein Mann, der gelobt werden muss*
>   *auch: ein löblicher/lobenswerter Mann*

§ 133 Die Übersetzung des attributiven Gerundivs

Dagegen zeigt sich bei der Übersetzung des attributiven Gerundivs meist eine unterschiedliche Sicht- und Ausdrucksweise zwischen der lateinischen und der deutschen Sprache: Während das Lateinische das Gerundiv als Attribut zu einem übergeordneten Substantiv auffasst, verwendet der Deutsche zur Übersetzung meist den Nominalstil und betont damit die Verbalhandlung, die an dem Substantiv vollzogen wird.

> Hercules de **monstro** ... cogitat.
> Herkules denkt über **das Ungeheuer** ... nach.

Hercules de **monstro superando** cogitat.
wörtlich (im lateinischen Gedankengang!):
*Herkules denkt über **das Ungeheuer, das überwältigt werden muss**, nach.*

freier:
*Herkules denkt über **die Überwältigung des Ungeheuers** nach.*
*Herkules denkt darüber nach, **das Ungeheuer zu überwältigen**.*

Als »Übersetzungsformel« kann zunächst gelten, dass das attributive Gerundiv mit der »Verb-ung des Substantivs« übersetzt werden kann, bevor eine bessere Übersetzung gewählt wird.

Hercules **officiis praestandis** studet.
Hercules **officiis** … studet.
Herkules bemüht sich um die Pflichten …
Was muss mit den Pflichten gemacht werden?
wörtlich (im lateinischen Gedankengang!):
Die Pflichten müssen erfüllt werden.
mit der Übersetzungsformel:
Herkules bemüht sich um
die Verb-ung (praestare) **des Substantivs** (officia)
die Erfüll-ung **der** Pflichten.

freier:
Herkules bemüht sich, die Pflichten zu erfüllen.

Bei Verbindung mit der Präposition *ad* mit **Akkusativ** und der Postposition *causa* mit **Genitiv** ist im Deutschen die Übersetzung mit einem **Finalsatz** möglich.

Hercules **ad Cerberum superandum** venit.
Hercules **ad Cerberum** … venit.
Herkules kommt zu Zerberus.
Was muss mit dem Zerberus gemacht werden?
wörtlich (im lateinischen Gedankengang!):
Der Zerberus muss überwältigt werden.
mit der Übersetzungsformel:
Herkules kommt zur »Überwältig-ung des Zerberus«

mit Finalsatz:
*Herkules kommt, **um den Zerberus zu überwältigen**.*

Steht das **attributive Gerundiv** im **Ablativ** (des Mittels), so ist im Deutschen die Übersetzung mit einem **Modalsatz** möglich.

Hercules **monstris superandis** sibi gloriam parat.
Hercules **monstris** … sibi gloriam parat.
Herkules erwirbt sich Ruhm durch die Ungeheuer.
Was muss mit den Ungeheuern gemacht werden?
wörtlich (im lateinischen Gedankengang!):
Die Ungeheuer müssen überwältigt werden.

mit der Übersetzungsformel:
Herkules erwirbt sich Ruhm **durch die** Überwältig**-ung** **der Ungeheuer.**

mit Modalsatz:
Herkules erwirbt sich Ruhm, **indem er die Ungeheuer überwältigt.**

§ 134 Das Gerundiv bei bestimmten Verben

Bei bestimmten Vollverben, die wie *dare, tradere, mittere, accipere, curare* etc. eine bestimmte Handlungsrichtung zum Ausdruck bringen, drückt das Gerundiv den Zweck (*zu …, zum …, zur …*) aus. Die Zuordnung zum attributiven oder prädikativen Gerundiv ist nicht eindeutig möglich, da sich das Verbaladjektiv einerseits grammatikalisch auf ein Nomen bezieht, andererseits aber auch das Prädikat sinntragend ergänzt.

Pluto Herculi **canem demonstrandum** tradit.
Pluto Herculi **canem** … tradit.
wörtlich (im lateinischen Gedankengang!):
Pluto übergibt Herkules den Hund. Der Hund muss gezeigt werden.

freiere Übersetzung:
Pluto übergibt Herkules **den Hund zum Zeigen.**

§ 135 Gerundium und attributives Gerundiv im Vergleich

Die Gerundivkonstruktion im Genitiv, im Akkusativ (nach der Präposition *ad*) oder Ablativ (mit und ohne Präposition) kann durch ein Gerundium im entsprechenden Fall ersetzt werden, wenn dieses ein Akkusativobjekt bei sich hat. Bei der Übersetzung ins Deutsche bestehen keine Unterschiede, wenngleich hier unterschiedliche Wege zum gleichen (Übersetzungs-)Ziel führen.

Gerundium	Hercules **Cerberum superandi** cupidus est.
	Herkules ist begierig »auf das Überwältigen – WEN oder WAS? – den Zerberus«.
gute Übersetzung	*Herkules ist begierig,* **den Zerberus zu überwältigen.**
attr. Gerundiv	*Herkules ist begierig auf »den Zerberus. Der Z. muss überwältigt werden«.*
	Hercules **Cerberi superandi** cupidus est.

Gerundium	Hercules **monstra interficiendo** Eurystheo paret.
	Herkules gehorcht dem Eurystheus »durch das Töten – WEN oder WAS? – die Ungeheuer«.
gute Übersetzung	*Herkules gehorcht dem Eurystheus,* **indem er die Ungeheuer tötet.**
attr. Gerundiv	*Herkules gehorcht dem Eurystheus »durch die Ungeheuer. Die U. müssen getötet werden«.*
	Hercules **monstris interficiendis** Eurystheo paret.

Oratio obliqua – die indirekte Rede im Lateinischen (§ 136 – § 137)

Das Lateinische verfügt wie das Deutsche über eine indirekte Rede. Die **Oratio obliqua** (eigentlich: »schiefe Rede«) wird in Abhängigkeit von einem Verb des **Sagens** gedacht, das allerdings nicht immer eigens aufgeführt sein muss. Wie im Deutschen ist auf die Perspektive zu achten, die jeweils aus der Sicht der sprechenden Person zu denken ist.

§ 136 Die Hauptregeln der indirekten Rede im Lateinischen

1. **Aussagesätze** (und rhetorische Fragen) erscheinen im **AcI**, da sie von einem Verb des **Sagens** abhängig gedacht werden.
2. Alle **Frage-** und **Nebensätze** stehen im obliquen **Konjunktiv**.
3. Hauptsätze, die ein **Begehren**, einen **Befehl**, eine **Aufforderung** etc. enthalten und daher bereits in direkter Rede im Konjunktiv (z. B. **Jussiv**, **Optativ**, **Irrealis** etc.) stehen, bleiben in der Oratio obliqua im Konjunktiv. Auch **Imperative** werden aus diesem Grund mit dem obliquen **Konjunktiv** wiedergegeben.
4. Vorsicht ist bei der **Verwendung der Pronomina** geboten. Beziehen sie sich auf die 1. Person, so wird das Reflexivpronomen *(se, sibi, suus)* verwendet. Beziehen sie sich auf die 2. oder 3. Person, so kommen die Demonstrativpronomina *is, ea, id* und *ille, illa, illud* zum Einsatz.
5. Für die Verwendung der Tempora gilt – abhängig vom einleitenden Verb des **Sagens** – die **Consecutio temporum** (vgl. § 92).

§ 137 Die Übersetzung ins Deutsche am Beispiel

Bei der **Übersetzung ins Deutsche** wird der Konjunktiv Präsens oder Perfekt verwendet. Ist er gleichlautend mit dem Indikativ, so wird der Konjunktiv Imperfekt oder Plusquamperfekt verwendet. (z. B. Er behauptet, ich hätte gesagt/du habest gesagt/er, sie, es habe gesagt/wir hätten gesagt/ihr habet gesagt/sie hätten gesagt). Bei indirekten Aufforderungen bietet sich die Einfügung des Modalverbs *sollen* an.

Direkte Rede	Indirekte Rede (abhängig vom Haupttempus)	Indirekte Rede (abhängig vom Nebentempus)
Iuppiter dicit: »Hercules, filius meus, omnia officia **praestitit**. **Ego** eum in caelum **accipiam**. **Audite** verba mea, dei deaeque! **Ne riseritis**! **Nemo negat** Herculem dignum esse, qui in caelum **ascendat**. **Ego** eum **accipiam**, quod omnia officia **praestitit**. Itaque Hercules in caelum **ascendat**! **Salutemus** deum novum!«	Iuppiter **dicit**: Herculem, filium suum, omnia officia **praestitisse**. **Se** eum in caelum **accepturum esse**. Dei deaeque verba **sua audiant**. **Ne rideant**. **Neminem negare** Herculem dignum esse, qui in caelum **ascendat**. **Se** eum **accepturum esse**, quod omnia officia **praestiterit**. Itaque Hercules in caelum **ascendat**. **Salutent** deum novum.	Iuppiter **dixit**: Herculem, filium suum, omnia officia **praestitisse**. **Se** eum in caelum **accepturum esse**. Dei deaeque verba **sua audirent**. **Ne riderent**. **Neminem negare** Herculem dignum esse, qui in caelum **ascenderet**. **Se** eum **accepturum esse**, quod omnia officia **praestitisset**. Itaque Hercules in caelum **ascenderet**. **Salutarent** deum novum.
Jupiter sagt: »Mein Sohn Herkules hat alle Pflichten erfüllt. Ich werde ihn in den Himmel aufnehmen. Hört meine Worte, Götter und Göttinnen! Lacht nicht! Niemand leugnet, dass Herkules würdig ist/sei, in den Himmel aufzusteigen. Ich werde diesen aufnehmen, weil er alle Aufgaben erfüllt hat. Deshalb soll Herkules in den Himmel aufsteigen! Lasst uns den neuen Gott begrüßen!«	Jupiter sagt: Sein Sohn Herkules habe alle Pflichten erfüllt. Er werde ihn in den Himmel aufnehmen. Die Götter und Göttinnen soll(t)en auf seine Worte hören. Sie soll(t)en nicht lachen. Niemand leugne, dass Herkules würdig sei, in den Himmel aufzusteigen. Er werde diesen aufnehmen, weil dieser alle Aufgaben erfüllt habe. Deshalb solle Herkules in den Himmel aufsteigen. Sie soll(t)en den neuen Gott begrüßen.	Jupiter sagte: Sein Sohn Herkules habe alle Pflichten erfüllt. Er werde ihn in den Himmel aufnehmen. Die Götter und Göttinnen soll(t)en auf seine Worte hören. Sie soll(t)en nicht lachen. Niemand leugne, dass Herkules würdig sei, in den Himmel aufzusteigen. Er werde diesen aufnehmen, weil dieser alle Aufgaben erfüllt habe. Deshalb solle Herkules in den Himmel aufsteigen. Sie soll(t)en den neuen Gott begrüßen.

Prädikat

Wortbildung
Stammformen
Konjugationen
Genera verbi
Modi

Adverbiale

Ablativ
Adverb
Präpositionen
Partizip (VP und Abl. abs.)
Adverbialsätze (z. B. cum)
Relativsätze (mit Nebensinn)

Subjekt

Nomen (Substantiv + Adjektiv)
Deklinationen
Pronomina
Adjektive (+ Prädikativum)
Prädikatsnomen
AcI (seltener)

Attribut – die KNG-Regel

Genitiv
Adjektiv
Relativsatz
Gerundiv
Partizip (VP)

Objekt

Akkusativ – Funktionen
AcI (häufiger)
Dativ – Funktionen

Anhang

Stilmittel (§ 138 – § 140)

Auf den folgenden Seiten werden die häufigsten Stilmittel erläutert. Zur Verdeutlichung werden dabei Belege aus der Apotheose des Herkules herangezogen, wie sie der Dichter Ovid in seinen *Metamorphosen* (IX 182–272, mit Kürzungen) dargestellt hat. Diese Stelle kannst du mit Übersetzung auf den Seiten 154 f. finden. Stilmittel, die sich dort nicht nachweisen lassen, sind aus anderen Werken der lateinischen Literatur unter Angabe der jeweiligen Autoren als Beispiele angeführt.

§ 138 Hervorhebung durch den Wortklang

Alliteration
Mehrere aufeinanderfolgende Wörter beginnen mit dem gleichen Anlaut.
Vorsicht: Es muss dabei dichterische »Absicht« erkennbar sein.

> *Mors mihi munus erit.* (V. 1)

Figura etymologica
Ein Verb und ein Substantiv desselben Wortstamms werden miteinander verbunden.

> *Nec languere diu patitur dolor. Excitor illo, / excitor et summa Thesea voce voco.*
> (Aber der Schmerz duldet es nicht, lange untätig zu bleiben. Angetrieben werde ich durch jenen, angetrieben und schreie mit sehr lauter Stimme nach Theseus. Ov., Her. X 33 f.)

Homoioteleuton
Mehrere aufeinanderfolgende Wörter weisen dieselbe Endung auf.
Vorsicht: Es muss dabei literarische »Absicht« erkennbar sein. Im Lateinischen enden zwei aufeinanderfolgende Wörter häufig auf den gleichen Buchstaben. Das allein rechtfertigt noch nicht die Benennung als Homoioteleuton.

> *Saepe illum gemitus edentem, saepe frementem, / saepe retemptantem totas infringere vestes / sternentemque trabes irascentemque videres / montibus aut patrio tendentem bracchia caelo.* (V. 15 ff.)
> auch: *Pulmonibus errat / ignis edax imis perque omnes pascitur artus.* (V. 9 f.)

Onomatopoiie (auch: **Onomatopoesie, Lautmalerei**)
Die Lautstruktur der Wörter verdeutlicht die inhaltliche Aussage bzw. »bildet« sie im Idealfall »ab«.

> *Saepe illum gemitus edentem, saepe frementem, / saepe retemptantem totas infringere vestes / sternentemque trabes irascentemque videres / montibus aut patrio tendentem bracchia caelo.* (V. 15 ff.) –
> Zunächst verdeutlichen viele Zischlaute das Brennen des Gewandes, dann mischen sich Laute darunter, die das wilde Um-sich-Schlagen des rasenden Herkules symbolisieren.

Polyptoton
Ein Wort wird in einer anderen flektierten Form wiederholt.

Manus manum lavat. (Sprichwort)

§ 139 Hervorhebung durch die Wortstellung

Anapher
Zwei oder mehr aufeinanderfolgende Sätze oder Satzteile beginnen mit dem gleichen Wort.
[Enden sie mit dem gleichen Wort, so liegt eine **Epipher** vor.]

Saepe illum gemitus edentem, saepe frementem, / saepe retemptantem […] / […] videres (V. 15 ff.)

Apostrophe
Der Autor/Sprecher wendet sich direkt an eine eigentlich abwesende Person oder Sache.

Nec me pastoris Hiberi / forma triplex, nec forma triplex tua, Cerbere, movit? / Vosne, manus, validi pressistis cornua tauri? (V. 2 ff.)

Asyndeton
Wörter oder Satzteile werden unverbunden (d.h. ohne Konjunktion) aneinandergereiht. Vorsicht: Sinnvollerweise kann man von einem Asyndeton erst ab drei Gliedern sprechen.

Saepe illum gemitus edentem, saepe frementem, / saepe retemptantem totas infringere vestes … (V. 15 f.)

Chiasmus
Wörter oder Wortgruppen, die in einem gedanklichen Zusammenhang stehen, werden kreuzweise angeordnet.
   Der Fachbegriff leitet sich ab vom griechischen Buchstaben Chi, der als Großbuchstabe folgendermaßen aussieht: X.

Defessa iubendo est / saeva Iovis coniunx:

Ego sum indefessus agendo. (V. 6 f.)

Ellipse
Ein Wort, das aus dem Zusammenhang leicht ergänzt werden kann, wird ausgelassen; häufig eine Form von **esse**.

Coniunx quoque regia visa est / cetera non duro [sc. vultu], duro tamen ultima vultu / dicta tulisse Iovis, seque indoluisse notatam. (V. 28 ff.)

Exclamatio
Durch einen Ausruf wird ein Sachverhalt emphatisch betont.

At valet Eurystheus! - Et sunt, qui credere possint / esse deos? (V. 11 f.) - Herkules ist empört über die Tatsache, dass er diese Leiden ertragen muss, während es Eurystheus gutgeht und während die Götter dies zulassen.

Hyperbaton
Syntaktisch zusammengehörige Wörter werden durch das Dazwischentreten anderer Wörter deutlich voneinander getrennt.
Vorsicht: Dieses Phänomen tritt insbesondere in der Dichtung aus metrischen Gründen häufig auf. Ein Hyperbaton liegt nur bei deutlicher Trennung der Wörter vor.

His elisa iacet moles Nemeaea lacertis. (V. 5)

Iteratio/Geminatio
Ein Wort wird mehrmals wiederholt.
Vorsicht: Wenn dies zu Beginn von Sätzen oder Satzteilen geschieht, spricht man von einer Anapher.

… cetera non duro, duro tamen ultima vultu / dicta tulisse Iovis … (V. 29 f.)

Parallelismus
Aufeinanderfolgende Wortgruppen, Satzteile oder Sätze werden gleich aufgebaut (z. B. identische Abfolge von Wortarten, Kasus, identischer Satzbauplan, …).

Defessa   iubendo
* | |*
indefessus agendo (V. 6 f.)

Polysyndeton
Wörter oder Satzteile werden verbunden (d. h. mit Konjunktion) aneinandergereiht.
Vorsicht: Sinnvollerweise kann man von einem Polysyndeton erst ab drei Gliedern sprechen.

… saepe retemptantem totas infringere vestes / sternentemque trabes irascentemque videres / montibus (V. 16 f.)

Trikolon
Drei Begriffe oder korrespondierende Satzteile werden (asyndetisch oder polysyndetisch) aneinandergereiht.

polysyndetisch:

Sed nova pestis adest, cui (1.) nec virtute resisti / (2.+3.) nec telis armisque potest. (V. 8 f.; vgl. aber auch Hendiadyoin)

asyndetisch:

(1.) Saepe illum gemitus edentem, (2.) saepe frementem, / (3.) saepe retemptantem totas infringere vestes … (V. 15 f.)

§ 140 Hervorhebung durch die Bedeutung

Antithese
Einzelne Wörter oder ganze Gedanken mit gegensätzlicher Bedeutung werden gegenübergestellt.

Defessa iubendo est / saeva Iovis coniunx: Ego sum indefessus agendo. (V. 6 f.)
terra caelestibus oris (V. 23)

Antonomasie
Statt eines Eigennamens wird eine Umschreibung verwendet, um eine Person oder Sache zu benennen. Dies erfolgt häufig mit charakteristischen Adjektiven oder in Form einer Apposition.

pater omnipotens (V. 36) – Gemeint ist Jupiter.
Tirynthius (V. 33) – Gemeint ist Herkules.

Enallage
Ein Adjektiv, das gedanklich zu einem bestimmten Substantiv gehört, wird grammatisch auf ein anderes Substantiv bezogen.

Aeneas musste viel erdulden *memorem Iunonis ob iram.* (… wegen des unversöhnlichen Zorns der Juno; Verg., Aen. I 4) – In Wahrheit ist ja nicht der Zorn unversöhnlich, sondern Juno.

Hendiadyoin
Zwei inhaltlich (fast) identische Begriffe werden miteinander verbunden und verstärken so die Aussage.

telis armisque (V. 9)

Klimax
Wörter oder Wortgruppen werden steigernd angeordnet (vom »Weniger« zum »Mehr«; bei umgekehrter Reihenfolge: Antiklimax).

Saepe illum gemitus edentem, saepe frementem, / saepe retemptantem totas infringere vestes / […] videres. (V. 15 ff.) – seufzen, knirschen/schnauben/brüllen, sich die Kleidung (und zwar gänzlich) vom Leib reißen

Litotes
Das eigentlich Gemeinte wird durch die Verneinung des Gegenteils ausgedrückt und dadurch verstärkt.

perque altam saucius Oeten / haud aliter graditur, quam si … (V. 12 f.) – nicht anders als ≈ genauso wie

Metapher
Ein abstrakter Begriff oder Zusammenhang wird bildhaft ausgedrückt.

Eine Metapher ist ein verkürzter Vergleich (ohne *als* oder *wie*). Wird die Metapher ausgebaut, spricht man von einer **Allegorie**; Beispiel: Staatsschiff; Iustitia mit Waage, Augenbinde und Schwert.

Dirae ferro et compagibus artis / claudentur belli portae. (Die unheilvollen Tore des Krieges werden mit Eisen und festen Riegeln verschlossen werden; Verg., Aen. I 293 f.) – Der anbrechende Friede ist hier ausgedrückt im Bild der verschlossenen Tore des Janustempels.

Metonymie
Der eigentlich gemeinte Begriff wird durch einen anderen, der mit ihm in einem logischen Zusammenhang steht, ausgedrückt.

His elisa iacet moles Nemeaea lacertis. (V. 5) – Gemeint ist der nemeische Löwe.
Vulcanum ... sentiet (V. 20 f.) – Hier ersetzt die Gottheit das ihr unterstellte Element.

Bekanntes deutsches Beispiel: *Ich trinke ein Glas.* (Man trinkt nämlich nicht das Glas, sondern den Inhalt des Glases.)

Oxymoron
Begriffe oder Gedanken, die sich scheinbar widersprechen, werden (oft unvermittelt) zusammengestellt und erzeugen einen Kontrast.

Mors mihi munus erit. (V. 1) – Da Herkules im Nessoshemd bei lebendigem Leib verbrennt, wäre der (erlösende) Tod für ihn ein Geschenk.

Personifikation
Gegenstände oder abstrakte Begriffe werden wie Personen dargestellt, indem ihnen eine menschliche Stimme oder menschliche Eigenschaften und Fähigkeiten verliehen werden.

Pulmonibus errat / ignis edax imis perque omnes pascitur artus. (V. 9 f.) – Dem Feuer wird die »menschliche« Eigenschaft »gefräßig« verliehen und es handelt »menschlich«, indem es sich durch die Glieder »frisst«.

Synekdoche
Für einen Sachverhalt wird stellvertretend ein Wort verwendet, das weniger (**pars pro toto**) oder mehr (**totum pro parte**) umfasst als das eigentlich Gemeinte.

Es handelt sich hierbei um eine besondere Ausprägung der Metonymie.

[Herculem] videres / [...] patrio tendentem bracchia caelo. (V. 17 f.) – Herkules streckt ja nicht nur seine Unterarme *(bracchia)*, sondern seine gesamten Arme zum Himmel.
... pater omnipotens ... radiantibus intulit astris. (V. 36 f.) – Die Sterne stehen stellvertretend für den Olymp.

Rhetorische Frage

Eine solche Frage beinhaltet keine Fragestellung (und soll deshalb vom Leser nicht beantwortet werden), sondern soll zum Nachdenken anregen oder enthält in Wahrheit sogar eine unumstößliche Feststellung.

Vorsicht: Keineswegs jeder Fragesatz ist eine rhetorische Frage!

Nec me pastoris Hiberi / forma triplex, nec forma triplex tua, Cerbere, movit? / Vosne, manus, validi pressistis cornua tauri? (V. 2 ff.) – Herkules kennt ja die Antwort, er weiß, dass er diese Taten (ohne Angst) vollbracht hat.

Vergleich

Ein abstrakter Begriff oder Zusammenhang wird mit einem bekannten, allgemein verständlichen Beispiel verdeutlicht.

Ein Vergleich wird eingeleitet mit *als* oder *wie*.

Utque novus serpens posita cum pelle senecta / luxuriare solet squamaque nitere recenti, / sic ubi mortales Tirynthius exuit artus, / parte sui meliore viget maiorque videri / coepit et augusta fieri gravitate verendus. (V. 31 ff.)

Zeugma

Ein Satzglied (z. B. das Prädikat) wird mit zwei Satzteilen (z. B. einem zweiteiligen Objekt) verbunden, von denen es aber eigentlich nur zu einem passt.

His quidam signis atque haec exempla secuti [sunt]. (Diesen Zeichen und diesen Beispielen folgten manche; Verg., Georg. IV 219) – syntaktisches Zeugma: *sequi* eigentlich ausschließlich mit Akkusativ. *Germania […] a Sarmatis Dacisque mutuo metu aut montibus separatur. (Germanien wird von den Sarmaten und Dakern durch gegenseitige Furcht oder durch Gebirge getrennt;* Tac., Germ. 1,1) – semantisches Zeugma: Parallelisierung eines psychologischen Grundes *(mutuus metus)* und eines geographischen Grundes *(montes)*.

Die Taten und die Vergöttlichung des Herkules (Ov., met. IX 182 ff.)

»Mors mihi munus erit. […]
[…] Nec me pastoris Hiberi
forma triplex nec forma triplex tua, Cerbere, movit?
Vosne, manus, validi pressistis cornua tauri? […]
5 His elisa iacet moles Nemeaea lacertis.
Hac caelum cervice tuli. Defessa iubendo est
saeva Iovis coniunx: Ego sum indefessus agendo.
Sed nova pestis adest, cui nec virtute resisti
nec telis armisque potest. Pulmonibus errat
10 ignis edax imis perque omnes pascitur artus.
At valet Eurystheus! – Et sunt, qui credere possint
esse deos?«, dixit perque altam saucius Oeten
haud aliter graditur, quam si venabula taurus
corpore fixa gerat, factique refugerit auctor.
15 Saepe illum gemitus edentem, saepe frementem,
saepe retemptantem totas infringere vestes
sternentemque trabes irascentemque videres
montibus aut patrio tendentem bracchia caelo.

Jupiter spricht zu den anderen Göttern, während der Körper des Herkules auf dem Scheiterhaufen verbrennt:

»Omnia qui vicit, vincet, quos cernitis, ignes;
20 nec nisi materna Vulcanum parte potentem
sentiet. Aeternum est, a me quod traxit, et expers
atque immune necis nullaque domabile flamma.
Idque ego defunctum terra caelestibus oris
accipiam cunctisque meum laetabile factum
25 dis fore confido. Siquis tamen Hercule, siquis
forte deo doliturus erit, data praemia nolet,
sed meruisse dari sciet, invitusque probabit.«

Adsensere dei. Coniunx quoque regia visa est
cetera non duro, duro tamen ultima vultu
30 dicta tulisse Iovis, seque indoluisse notatam. […]
Utque novus serpens posita cum pelle senecta
luxuriare solet squamaque nitere recenti,
sic ubi mortales Tirynthius exuit artus,
parte sui meliore viget maiorque videri
35 coepit et augusta fieri gravitate verendus.
Quem pater omnipotens inter cava nubila raptum
quadriiugo curru radiantibus intulit astris.

Mein Tod wird ein Geschenk für mich sein. […]
[…] Weder die dreifache Gestalt des hiberischen Hirten [i. e. Geryon]
noch deine dreifache Gestalt, Zerberus, hat mich erschreckt?
Ihr, meine Hände, habt die Hörner des starken Stieres niedergedrückt? […]
5 *Von diesen Armen erwürgt liegt das wuchtige nemeische Untier.*
Mit diesem Nacken trug ich den Himmel. Müde vom Befehlen
ist Jupiters Gemahlin: Ich dagegen bin nicht ermüdet vom Ausführen.
Aber eine neue Plage ist da, der weder mit Tapferkeit
noch mit Geschossen und Waffen begegnet werden kann. In meinen Lungen
10 *ganz unten verbreitet sich das gefräßige Feuer und frisst sich durch alle meine Glieder.*
Aber Eurystheus erfreut sich bester Gesundheit! – Und da gibt es noch Menschen,
die glauben können, dass es Götter gibt?«, sprach's und schreitet verwundet
genau so durch den hohen Oita, wie wenn ein Stier Jagdspeere, haftend in
seinem Körper, mit sich trägt und der Verantwortliche für die Tat geflohen ist.
15 *Oft hätte man da jenen sehen können, wie er Seufzer von sich gab, oft, wie er*
brüllte, oft, wie er wieder und wieder versuchte, seine Kleidung gänzlich
zu zerreißen, und wie er Baumstämme niederhaute und wie er wütete
gegen die Berge oder wie er seine Hände zum väterlichen Himmel emporstreckte.
[…]

»Er, der alles besiegt hat, wird auch das Feuer, das ihr seht, besiegen;
20 *und nur mit dem von der Mutter stammenden Teil wird er das mächtige*
Feuer spüren. Unvergänglich ist, was er von mir erhalten hat, und gänzlich
unantastbar für den Tod und von keiner Flamme zu bezwingen.
Dies werde ich, wenn es die Erde hinter sich gelassen hat, an den himmlischen
Gestaden empfangen und ich vertraue darauf, dass meine Unternehmung
25 *die freudige Zustimmung aller Götter finden wird. Wenn dennoch einer, wenn*
etwa wirklich einer über die Vergöttlichung des Herkules Schmerz empfinden wird, so wird er die
gewährte Belohnung ablehnen, aber er wird wissen, dass es verdient war, dass sie gewährt wird, und er
wird sie – wenn auch widerwillig – billigen.«
[28] Die Götter stimmten zu. Auch die königliche Gattin schien
die übrigen Worte nicht mit verhärteter Miene, mit verhärteter Miene aber die letzten
30 *Worte Jupiters ertragen zu haben; und sie schien sich geärgert zu haben, dass sie gerügt worden war. […]*
Und wie die Schlange, verjüngt, wenn zusammen mit der Haut das Alter
abgelegt worden ist, zu wachsen und in der neuen Schuppenhaut zu glänzen pflegt,
so ist der Mann aus Tiryns, sobald er seine sterblichen Glieder abgelegt hat,
im besseren Teil seiner selbst lebenskräftig und er begann, größer zu erscheinen
35 *und ehrwürdig zu werden in erhabener Würde.*
Diesen, emporgehoben zwischen umhüllenden Wolken, entrückte
der allmächtige Vater mit seinem vierspännigen Wagen zu den strahlenden Sternen.

Metrik (§ 141 – § 146)

§ 141 Länge und Kürze der Silben

Im Gegensatz zum akzentuierenden Rhythmus deutscher Verse (betont – unbetont) wird lateinische Dichtung im **quantitierenden Rhythmus** vorgetragen. Deshalb ist es wichtig, **Längen** und **Kürzen** zu kennen und richtig zu lesen.

Naturlänge: Eine Silbe ist lang, wenn ihr Vokal von Natur aus lang ist oder sie einen Diphthong enthält, z. B. amīcus, amoenus, causa, aethera.

Naturlängen (aber nicht im Fall der Diphthonge) sind im Lexikon durch einen Strich über dem betreffenden Buchstaben markiert.

Wenn auf einen eigentlich kurzen Vokal zwei oder mehr Konsonanten oder **x** (< **cs**) folgen (nicht aber **qu**!), wird **Positionslänge** bewirkt, z. B. cōntēntus, fenēstra, āmplēxus.

Dies gilt auch über Wortgrenzen hinweg, z. B. īn tērra, nēc vocatur.
    Ausnahme: Vor **Muta cum liquida** – also **b, d, g** und **p, t, c** + **l, m, n, r** – kann die Silbe als lang **oder** kurz gewertet werden, z. B. celebrare, obsecrare, migrare.

h wird »nicht gesprochen«, wird also **nicht als Konsonant** »**mitgezählt**«, z. B. quid habent.

Als Auslaut ist *-ī, -ō, -ū* immer **lang** bei Nomina.

Als Auslaut ist *-a* in der Regel **kurz** (mensă, donă, corporă, quiă, ită), nur im Abl. Sg. der a-Deklination (in mensā) und im Imperativ I der ā-Konjugation (donā!) ist es lang.

Als Auslaut ist *-e* in der Regel **kurz** (originĕ, honorĕ, noctĕ; spernĕ! capĕ!).
    Ausnahmen: Abl. Sg. der e-Deklination (rē), Imperativ I der ē-Konjugation (monē!), Adverbien (probē, longē) sowie die einsilbigen Wörter ē, dē, mē, tē, sē, nē.

Stoßen **innerhalb eines Wortes zwei Vokale** aufeinander (und es handelt sich nicht um einen Diphthong), ist **der erste** in der Regel **kurz** (**vocalis ante vocalem corripitur**: Vokal vor Vokal wird gekürzt), z. B. pŭella, pŭer.
Ausnahmen: z. B. illīus, unīus, istīus.

Konsonantisch auslautende Endungen sind in der Regel **kurz**.
    Ausnahmen sind die Pluralendungen *-ās, -ēs, -ōs* und *-īs*.

§ 142 Vermeidung des Hiats

Das Zusammentreffen eines Vokals (oder eines **Vokals + m**) am Wortende mit einem Vokal (oder **h** + **Vokal**) am Wortanfang, d.h. ein **Hiat**[16], klang für römische Ohren unschön und wurde gewöhnlich vermieden durch:

1. Elision

Treffen zwei Vokale in der Wortfuge zusammen, so wird in der Regel der erste Vokal (am Ende des ersten Wortes) »ausgestoßen«. Man spricht von **Elision**[17]. Dies gilt auch, wenn das erste Wort auf **Vokal + m** endet. Das **h** im Anklang ist metrisch ohne Bedeutung, weil es in der Antike nicht gesprochen wurde.

z. B. perqu(e) altam (V. 12), s(um) indefessus (V. 7)

Das folgende Beispiel enthält unmittelbar aufeinander folgend drei Elisionen, die den Inhalt (atemloses Staunen) zum Ausdruck bringen:

monstr(um) (h)orrend(um), inform(e), ingens, cui lumen ademptum (Verg., Aen. IV 181)
(ein schreckliches, unförmiges, riesiges Ungeheuer, dem das Augenlicht genommen war)

2. Aphairese

Es gibt einen Sonderfall zur Elision: Ist das zweite Wort *es* oder *est*, so fällt deren *e* weg. Man nennt dies **Aphairese**[18].

z. B. visa (e)st (V. 28), aeternum (e)st (V. 21)

Die wichtigsten Versmaße (§ 143 – § 146)

§ 143 Hexameter

Als Ausgangspunkt eines **Hexameters** dient der Daktylus: – ᴗ ᴗ (< gr. *dáktylos* der Finger; von der Körpermitte aus betrachtet hat der Finger erst ein langes, dann zwei kurze Glieder).

Ein Hexameter (gr. *hex* sechs und *métron* [Vers-]Maß) besteht aus einer sechsmaligen Wiederholung dieses Versfußes, also:

– ᴗ ᴗ | – ᴗ ᴗ | – ᴗ ᴗ | – ᴗ ᴗ | – ᴗ ᴗ | – x

---

16 Der Begriff »Hiat« leitet sich von lat. *hiare* klaffen, gähnen ab. Die Benennung erfolgt nach dem Offenstehen des Mundes, das durch das Aufeinandertreffen von Vokalen in der Wortfuge entsteht.
17 Der Begriff »Elision« leitet sich von lat. *elidere* ausstoßen ab.
18 Der Begriff Aphairese (auch: Aphaerese oder Aphärese) leitet sich von gr. ἀφαιρεῖν *wegnehmen* ab.

In den ersten vier Versfüßen kann statt der beiden Kürzen eine Länge eintreten (→ – – = **Spondeus**), im fünften Versfuß ist dies sehr selten der Fall; wenn es vereinzelt doch eintritt, dann spricht man von einem **Versus spondīacus**.

Dass die Schlusssilbe **anceps** (»unsicher«; Symbol: **x**), d. h. kurz oder lang, sein kann, hat der Hexameter mit manchen anderen Versen gemein. Man darf deshalb diese **Syllaba anceps** mit einem »**x**« markieren.

Beispiel:

    – v v | – v v | – – | – v v | – v v | – x
    Quem pater omnipotens inter cava nubila raptum

    – v v | – – | – v v | – v v | – v v | – x
    quadri-iugo curru radiantibus intulit astris. (V. 36 f.)

§ 144 Pentameter

Ein **Pentameter** (gr. *pénte* fünf und *métron* [Vers-]Maß) besteht aus zwei vorderen Hälften des Hexameters.

Dazwischen trennt eine **Mittelzäsur** (senkrechter Doppelstrich) den Vers in zwei Hälften:

    – v v | – v v | – || – v v | – v v | –

Nur in der ersten Hälfte können die Kürzen durch eine Länge ersetzt werden.

Beispiele:

    – v v | – v v | – || – v v | – v v | –
    monstraque terribiles persequiturque feras (Ov., Her. IX 34)

    – – | – – | – || – v v | – v v | –
    »Hic«, dixit, »vires sanguis amoris habet.« (Ov., Her. IX 162)

§ 145 Elegisches Distichon

Der Pentameter wird stets mit einem Hexameter zum **elegischen Distichon** (»Zweizeiler«) verbunden. Im Druckbild ist üblicherweise der Pentameter nach rechts eingerückt.

Beispiel:

    – v v | – v v | – – | – v v | – v v | – x
    Vir mihi semper abest et coniuge notior hospes

        – v v | – v v | – || – v v | – v v | –
        monstraque terribiles persequiturque feras. (Ov., Her. IX 33 f.)

§ 146 Hendekasyllabus (»Elfsilbler«; auch: Phalaeceus)

Den Hendekasyllabus erkennt man an den elf (Verschmelzungen beachten!) Silben und dem **Choriambus** (– v v –).

Er weist folgendes Schema von Längen und Kürzen auf:

– – – v v – v – v – –

Die 3. bis 10. Silbe sind in ihrer Quantität festgelegt.
Die 1., 2. und 11. Silbe sind variabel.

– – – v v – v – v – x
Cui dono lepidum novum libellum

–v– v v – v – v – x
arida modo pumic(e) expolitum? (Cat., Carm. 1,1 f.)

Zahlen, Daten, Maße (§ 147 – § 150)

§ 147 Numeralia

1. Arten und Bedeutungen

Grundzahlen (Cardinalia)	geben eine Menge an	wie viele?
Ordnungszahlen (Ordinalia)	bestimmen innerhalb einer größeren Menge eine bestimmte Stelle	der wievielte?
Verteilungszahlen (Distributiva)	verteilen eine Menge auf eine andere Menge	wie viele jeweils?
Vervielfältigungszahlen (Multiplicativa)	geben die Häufigkeit an	wie oft?

2. Grundzüge und Beispiele

Zahlzeichen		Grundzahlen (wie viele?)	Ordnungszahlen (der wievielte?)	Verteilungszahlen (wie viele jeweils?)
arab.	lat.			
1	I	unus, -a, -um	primus, -a, -um	singuli, -ae, -a
2	II	duo, -ae, -o	secundus, -a, -um	bini, …
3	III	tres, tres, tria	tertius, -a, -um	terni
4	IV	quattuor	quartus, -a, -um	quaterni
5	V	quinque	quintus, -a, -um	quini
6	VI	sex	sextus, -a, -um	seni
7	VII	septem	septimus, -a, -um	septeni
8	VIII	octo	octavus, -a, -um	octoni
9	IX	novem	nonus, -a, -um	noveni
10	X	decem	decimus, -a, -um	deni
11	XI	undecim	undecimus, -a, -um	
12	XII	duodecim	duodecimus, -a, -um	
…	…	…	…	…
18	XVIII	duodeviginti	duodevicesimus, -a, -um	
19	XIX	undeviginti	undevicesimus, -a, -um	
20	XX	viginti	vicesimus, -a, -um	
30	XXX	triginta	tricesimus, -a, -um	
100	C	centum	centesimus, -a, -um	centeni
200	CC	ducenti, -ae, -a	ducentesimus, -a, -um	…
500	D	quingenti, -ae, -a	quingentesimus, -a, -um	
1000	M	mille	millesimus, -a, -um	singula milia
2000	MM	duo milia	bis millesimus, -a, -um	bina milia

Die Ordnungszahlen und Verteilungszahlen werden nach der a-/o-Deklination flektiert. Außerdem werden die Hunderter der Grundzahlen ab 200 nach der a-/o-Deklination flektiert.

Für Vervielfältigungszahlen gilt der Merkspruch:

»in die SEMmEL BISs DER KATER«
semel   bis   ter   quater

Danach ist die Bildung regelmäßig mit dem Suffix *-ie(n)s*, z. B.

quinquies   *fünfmal*

3. Die Deklination besonderer Numeralia

Bei den **Grundzahlen** werden nur die Zahlen 1, 2 und 3 dekliniert; die meisten weiteren Grundzahlen sind unveränderlich.

	ūnus, -a, -um *ein*			duo, duae, duo *zwei*			trēs, trēs, tria *drei*		
	m.	f.	n.	m.	f.	n.	m.	f.	n.
Nom.	ūnus	ūna	ūnum	duo	duae	duo	trēs	trēs	tria
Gen.	ūnīus	ūnīus	ūnīus	duōrum	duārum	duōrum	trium	trium	trium
Dat.	ūnī	ūnī	ūnī	duōbus	duābus	duōbus	tribus	tribus	tribus
Akk	ūnum	ūnam	ūnum	duo(s)	duās	duo	trēs	trēs	tria
Abl.	ūnō	ūnā	ūnō	duōbus	duābus	duōbus	tribus	tribus	tribus

Der Plural von *mille* lautet: *milia, milium, milibus, milia, milibus*, z. B.

z. B. duo milia militum   *2000 Soldaten*
cum duobus milibus militum   *mit 2000 Soldaten*

4. Zusammengesetzte Zahlen

Zusammengesetzte Zahlen werden gebildet, indem z. B. Zehner und Einer addiert werden. Bei den Verbindungen von 8 und 9 mit einem Zehner wird vom nächsten Zehner aus subtrahiert.

viginti unus   *21 (ohne et, wenn die größere Zahl vorangeht)*
quinque et sexaginta   *65 (mit et, wenn die kleinere Zahl vorangeht)*
undetriginta   *29 (30 minus 1)*

§ 148 Kalender und Zeitangaben

Jahr und Kalender

Ausgangspunkt für die Angabe des Jahres war oft die mythologische Stadtgründung Roms im Jahre **753 v. Chr.** In der Zeit der Republik wurde das Jahr häufig angegeben, indem die **amtierenden Konsuln** genannt wurden (M. Tulliō C. Antōniō consulibus: unter/im Konsulat von Marcus Tullius Cicero und (!) Gaius Antonius).

a. u. c.	ab urbe conditā	*seit Gründung der Stadt (Rom)*
a. Chr. n.	ante Christum natum	*v. Chr. (Geburt)*
p. Chr. n.	post Christum natum	*n. Chr. (Geburt)*

Monate

Das Jahr begann ursprünglich mit dem **März**. Der September war somit der siebte Monat (septem), der Oktober der achte (octo), der November der neunte (novem) und der Dezember der zehnte (decem). Erst später wurde der 1. Januar zum Jahresanfang.

Innerhalb jeden Monats waren drei Tage fest bezeichnet:

K(al).	**Kalendae**, -arum	*1. Tag des Monats*
Non.	**Nonae**, -arum	*5. (aber im März, Mai, Juli, Oktober der 7.) Tag*
Id.	**Idus**, -uum	*13. (aber im März, Mai, Juli, Oktober der 15.) Tag*

Merkwort für die Ausnahmen bei den Iden und Nonen:
MILMO (**M**ärz, **I**uli (!), **M**ai, **O**ktober)

Datum

Alle übrigen Tage wurden festgelegt, indem vom nächsten festgelegten Zeitpunkt aus rückwärts gerechnet wurde, wobei die Grenztage mitzählten. Der *25. Januar* war z. B. der 8. Tag vor den Kalenden des Februar. Die Präposition *ante* wurde i. d. R. vorgezogen. Somit lautete diese Datumsangabe: *ante diem octavum Kalendas Februarias (a. d. VIII. Kal. Febr.)*. Der unmittelbare Vortag vor den Kalenden, Nonen und Iden wurde üblicherweise mit *pridiē* bezeichnet. Der *31. Januar* war somit *pridie Kalendis Februariis (pridie Kal. Febr.)*.

Tageszeit

Ein Tag wurde von Sonnenaufgang bis Sonnenuntergang in zwölf *horae Tagesstunden* eingeteilt. Die Nacht wurde in vier *vigiliae Nachtwachen* untergliedert. Da Zeitpunkt von Sonnenauf- und Sonnenuntergang innerhalb des Jahresverlaufs variieren, waren also die »Stunden« bei den Römern unterschiedlich lang.

§ 149 Maße, Gewichte, Münzen

Maße

pes	*ein Fuß (ca. 30 cm)*
passus	*ein Doppelschritt (ca. 1,5 m)*
mille passus/passuum	*eine römische Meile (ca. 1,5 km)*
iugerum	*ein »Morgen« (ca. 2500 qm oder ¼ ha)*
modius	*ein »Scheffel« (ein Hohlmaß, ca. 9 l)*

Gewichte

uncia	*eine Unze (ca. 27 g)*
libra	*ein römisches Pfund (ca. ⅓ kg)*

Münzen

Für die Zeit Caesars gelten folgende Werte:

as (Gen. assis)	*ein As*
sestertius	*ein Sesterz (ca. 2,5 As)*
denarius	*ein Denar (ca. 10 As/4 Sesterze)*
aureus	*ein Aureus (ca. 250 As/100 Sesterze/25 Denare)*

§ 150 Abkürzungen

Vornamen

C.	Gaius	M.	Marcus	Sex.	Sextus
Cn.	Gnaeus	P.	Publius	T.	Titus
L.	Lucius	Q.	Quintus	Ti(b).	Tiberius

Ausdrücke aus dem politischen Bereich

Cos.	consul	*Konsul*
Coss.	consules	*Konsuln*
Tr. pl.	tribunus plebis	*Volkstribun*
P. C.	patres conscripti	*Väter und (neu) eingetragene (Plebejer)*
S. P. Q. R.	senatus populusque Romanus	*Senat und Volk von Rom*
S. C.	senatus consultum	*Senatsbeschluss*

Register

A
a/ab (Präposition mit Ablativ) 95
abhängige Aussagesätze 109
    Objektsätze. *Siehe* Objektsätze
    Subjektsätze (indikativisch) 109
    Subjektsätze (konjunktivisch) 110
abhängige Fragesätze 111
Abkürzungen
    politischer Bereich 163
    Vornamen 163
Ablativ 89
    des Vergleichs (Ablativus comparationis) 59, 90
    der Art und Weise (Ablativus modi) 91
    der Beschaffenheit (Ablativus qualitatis) 86
    der Beziehung (Ablativus limitationis) 92
    der handelnden Person 90
    der Herkunft (Ablativus originis) 90
    der Trennung (Ablativus separationis) 89
    der Zeit (Ablativus temporis) 94
    des Ausgangspunktes 89
    des Grundes (Ablativus causae) 92
    des Maßes (Ablativus mensurae) 92
    des Mittels (Ablativus instrumenti) 90
    des Mittels als »Objekt« 91
    des Ortes (Ablativus loci) 93
    des Vergleichs (Ablativus comparationis) 90
Ablativus absolutus 129
    Aufbau 129
    mit Prädikatsnomen 130
    Übersetzung 129
    Verschränkung mit Relativsatz 106
absolutes Tempus 113
absolvere 88
ac si (Subjunktion) 121

accidere 32
accusare 88
Accusativus cum Infinitivo (AcI) 133
    Besonderheiten 136
    Gebrauch der Pronomina 137
    nach bestimmten einleitenden Verben 134
    nach Verben des Befehlens und Verbietens 137
    nach Verben des Begehrens 136
    nach Verben des Hoffens und Versprechens 137
    Verschränkung mit Relativsatz 107
    Vorüberlegungen 133
    Zeitverhältnis 136
Accusativus cum Participio (AcP) 126
a-Deklination
    Adjektive 54
    Besonderheiten 47
    Substantive 47
Adjektiv 53
    Komparation 57
    als Attribut 99
    KNG-Kongruenz 99
    3. Deklination 56
    a-/o-Deklination 54
    i-Deklination 55
    Substantivierung 57
Adverb 96
    Bildungsweise 97
    Erscheinungsformen 97
    Steigerung 98
    unregelmäßige Bildung 98
Adverbialsätze 112
    Adversativsätze 119
    Finalsätze 118
    Kausalsätze 115
    Komparativsätze 120
    Kondizionalsätze 116
    Konsekutivsätze 118
    Konzessivsätze 116

Modalsätze 119
Temporalsätze 112
Verschränkung mit Relativsatz 108
Adversativsätze. *Siehe* Adverbialsätze
adversus (Präposition mit Akkusativ) 95
afficere 91
aio 31
Akkusativ 79
  der Beziehung (Accusativus Graecus) 80
  der räumlichen und zeitlichen Ausdehnung 80
  der Richtung 81
  doppelter Akkusativ 79, 137
  Grundsätzliches 79
  Objekt 79
  prädikative Ergänzung 79
a-Konjugation. *Siehe* Konjugationsklassen
aliqui, aliqua, aliquod 69
aliquis, aliquid 69
Allegorie (Stilmittel) 152
Alliteration (Stilmittel) 148
Alphabet 9
alter, altera, alterum 71
ambo, ambae, ambo 71
Anapher (Stilmittel) 149
antequam (Subjunktion) 113, 114
Antithese (Stilmittel) 151
Antonomasie (Stilmittel) 151
Aphairese (Metrik) 157
Apostrophe (Stilmittel) 149
apparere 32
arcessere 88
as (römische Münze) 163
Assimilation (Lautgesetz) 11
Asyndeton (Stilmittel) 149
atque/ac (in Vergleichen) 120
Attractio modi. *Siehe* Modusassimilation
Attribut
  adjektivisches Attribut 53
  Genitivattribut 85
attributives Gerundiv
  Grundsätzliches 141
  Übersetzung 141

audere (Semideponens) 23
Aufforderungssätze. *Siehe* Hortativ
aureus (römische Münze) 163
Aussprache 9

B
Begehrsätze 111
Betonung im Lateinischen 10
Bindevokal 19

C
Cardinalia. *Siehe* Grundzahlen
causa (Postposition mit Genitiv) 96
Chiasmus (Stilmittel) 149
circum/circa (Präposition mit Akkusativ) 95
cognovisse/novisse 32
confidere (Semideponens) 23
Coniugatio periphrastica activa. *Siehe* verbundenes Partizip
Consecutio temporum 102, 111
constare 32
consuevisse 32
consulere 83
contra (Präposition mit Akkusativ) 95
convincere 88
cordi esse 84
cornu 52
cum (Präposition mit Ablativ) 95
cum (Subjunktion)
  adversatives *cum* 120
  explikatives *cum* 119
  historisches *cum* 113 f.
  identisches *cum* 119
  inversives *cum* 113 f.
  iteratives *cum* 113 f.
  kausales *cum* 115, 116
  konzessives *cum* 116
  relatives *cum* 113 f.
  Übersicht 122
cum primum (Subjunktion) 113
curae esse 84

D
Daktylus (Versfuß) 157
damnare 88
Dativ 81
    bei intransitiven Verben 82
    des Besitzers (Dativus possessoris) 83
    des Urhebers (Dativus auctoris) 84
    des Vorteils (Dativus commodi) 83
    des Zwecks (Dativus finalis) 83
    (indirektes) Objekt 81
    neben einem Akkusativ-Objekt 82
    unterschiedliche Kasusrektion im Lateinischen und Deutschen 82
Datum 162
de (Präposition mit Ablativ) 95
decet 32
Dehnungsperfekt. *Siehe* Perfektbildung
Deklination 46
Deklinationsklassen
    3. Deklination 46, 49
    a-Deklination 46 f.
    e-Deklination 46, 53
    i-Deklination 46, 51
    o-Deklination 46, 48
    u-Deklination 46, 52
Deliberativ (Konjunktiv im Hauptsatz) 37
    der Gegenwart 37
    der Vergangenheit 37
Demonstrativpronomina 64
    hic, haec, hoc 64
    idem, eadem, idem 65
    ille, illa, illud 64
    ipse, ipsa, ipsum 65
    is, ea, id 64
    iste, ista, istud 64
denarius (römische Münze) 163
Deponentien 22
    Besonderheiten 22
    Formenbildung 22
    Partizipien 22
    Personalendungen. *Siehe* Personalendungen
dies 53
Distributiva. *Siehe* Verteilungszahlen
dives 56

domi 93
domi bellique 93
domi militiaeque 93
dominantes Partizip 125
domum 81
donec (Subjunktion) 113
3. Deklination 49
    Adjektive 56
    Besonderheiten 51
    Stämme im Überblick 49
    Substantive 49
Dubitativ. *Siehe* Deliberativ
dum (Subjunktion) 113

E
e/ex (Präposition mit Ablativ) 95
e-Deklination
    Besonderheiten 53
    Substantive 53
e-Konjugation. *Siehe* Konjugationsklassen
Elativ. *Siehe* Superlativ
Elegisches Distichon (Versmaß) 158
Elision (Metrik) 157
Ellipse (Stilmittel) 149
Enallage (Stilmittel) 151
Entscheidungsfragen 76
Epipher (Stilmittel) 149
Erbwörter 9
esse 24
    Komposita 25
etsi (Subjunktion) 116
evenire 32
Exclamatio (Stilmittel) 150
extra (Präposition mit Akkusativ) 95

F
faktisches *quod* 115
Femininum (Genus) 45
ferre 29
    Komposita 31
fieri 26
Figura etymologica (Stilmittel) 148
Finalsätze. *Siehe* Adverbialsätze
finite Verbformen. *Siehe* Unterscheidung von Verbformen

fore 25, 137
Fragesätze 75
    Entscheidungsfragen 76
    Fragepartikeln 76
    Fragewort 76
    Interrogativpronomina 67
    rhetorische Fragen 76
    Satzfragen 76
    Verschränkung mit Relativsatz 108
    Wahlfragen 76
    Wortfragen 76
Fremdwörter 9
frui 91
fungi 91
Futur I
    Bildung 20
    Gebrauch 42
Futur II
    Bildung 20
    Gebrauch 43
futurum esse 25, 137

G
gaudere (Semideponens) 23
Geminatio (Stilmittel) 150
Genitiv 85
    Attribut 85
    bei bestimmten Verben und Adjektiven 87
    bei *interest* und *refert* 88
    der Beschaffenheit (Genitivus qualitatis) 85
    des Besitzers (Genitivus possessoris) 85
    des gerichtlichen Bereichs (Genitivus criminis) 88
    des geteilten Ganzen (Genitivus partitivus) 86
    des Wertes (Genitivus pretii) 86
    Genitivus obiectivus 87
    Genitivus subiectivus 87
Genus 45
Genus verbi 14
    Infinitive 131
    Partizip 124

Gerundium 139
    Bildung 139
    Deklination 48
    im Vergleich mit dem Gerundiv 143
    Übersetzung 139
Gerundiv 140
    attributiver Gebrauch 141
    bei bestimmten Verben 143
    Deklination 54, 139
    im Vergleich mit dem Gerundium 143
    prädikativer Gebrauch 140
Gewichte 163
gratia (Postposition mit Genitiv) 96
Grundzahlen 160
    besondere Numeralia 161
    mille 161

H
Haupttempora. *Siehe* Tempora
Hendekasyllabus (Versmaß) 159
Hendiadyoin (Stilmittel) 151
Hexameter (Versmaß) 157
Hiat (Metrik) 157
hic, haec, hoc (Demonstrativpronomen) 64
    Formen 64
    Verwendung 65
historischer Infinitiv 42
historisches Präsens 42
Homoioteleuton (Stilmittel) 148
honori esse 84
Hortativ (Konjunktiv im Hauptsatz) 36
humi 93
Hyperbaton (Stilmittel) 150
Hypotaxe (Unterordnung). *Siehe* Satzverknüpfungen

I
i-Deklination 46, 51
    Adjektive 55
    Besonderheiten 52
    dreiendige Adjektive 55
    einendige Adjektive 56
    Substantive 51
    zweiendige Adjektive 56

idem ... qui 120
idem, éadem, idem (Demonstrativpronomen) 65
    Formen 65
    Verwendung 66
i-Konjugation. *Siehe* Konjugationsklassen
ille, illa, illud (Demonstrativpronomen) 64
    Formen 64
    Verwendung 66
Imperative 39
    Imperativ I 19, 20, 39
    Imperativ II 19, 20, 40
    Verneinung 29, 39
Imperfekt
    Bildung 20
    iterativer Gebrauch 44
    konativer Gebrauch 44
in (Präposition mit Akkusativ oder Ablativ) 96
Indefinitpronomina 69
    in bejahenden und verneinenden Sätzen 69
    nach bestimmten Subjunktionen 69
Indikativ
    Indikativ im Hauptsatz 33
indirekte Fragen. *Siehe* abhängige Fragesätze
indirekte Rede. *Siehe* Oratio obliqua
indirekter Fragesatz
    Verschränkung mit Relativsatz 108
indogermanische Sprache 8
infinite Verbformen 41
    Infinitive Futur 41
    Infinitive Perfekt 41
    Infinitive Präsens 41
Infinitivkonstruktionen 131
    Akkusativ mit Infinitiv (AcI) 133
    als Objekt 132
    als Subjekt 132
    Form und Bedeutung 131
    Genus verbi 131
    Infinitive Futur 136, 137
    Infinitive Perfekt 131
    Infinitive Präsens 131

Nominativ mit Infinitiv (NcI) 137
Zeitverhältnis 131
innerliche Abhängigkeit 111
inquam 31
Instrumentalis. *Siehe* Ablativ
inter (Präposition mit Akkusativ) 95
interesse 32
interest 88
Interrogativpronomina 67
intra (Präposition mit Akkusativ) 95
intransitive Verben 82
    beim prädikativen Gerundiv 141
ipse, ipsa, ipsum (Demonstrativpronomen) 65
    Formen 65
    Verwendung 66
ire 26
    Komposita 27
    passive Formen 28
Irrealis (Konjunktiv im Hauptsatz) 38
    Irrealis der Gegenwart 38
    Irrealis der Vergangenheit 38
Irrealis im Kondizionalsatz. *Siehe* Kondizionalsätze
is, ea, id (Demonstrativpronomen) 64
    Formen 64
    Verwendung 66
iste, ista, istud (Demonstrativpronomen) 64
    Formen 64
    Verwendung 65
ita/sic ... ut 120
Iteratio (Stilmittel) 150
iubere 137

J
Jussiv (Konjunktiv im Hauptsatz) 36

K
Kalender 162
Kasus 45
Kasuslehre 77
    Ablativ 89
    Akkusativ 79
    Dativ 81

Genitiv 85
Nominativ 77
Vokativ 78
Kausalsätze. *Siehe* Adverbialsätze
Klimax (Stilmittel) 151
Komparation von Adjektiven 57
    Komparativ 58
    Superlativ 58
    unregelmäßige Steigerungsformen 60
Komparativsätze. *Siehe* Adverbialsätze
Kompositabildung 31
Kondizionalsätze. *Siehe* Adverbialsätze
    indefiniter Fall 117
    irrealer Fall 117
    potentialer Fall 117
Kongruenz 78, 99
    Prädikat – Subjekt 75
    Substantiv – Adjektiv 99
    verbundenes Partizip 124
Konjugation. *Siehe* Unterscheidung von Verbformen
Konjugationsklassen 16
    a-Konjugation 17
    e-Konjugation 17
    i-Konjugation 17
    konsonantische Konjugation 17
    konsonantische Konjugation (i-Erweiterung) 17
Konjunktionen 100
Konjunktiv 34
    Bildung 20
Konjunktiv im Nebensatz. *Siehe* Consecutio temporum
Konjunktiv im Hauptsatz 34
    Deliberativ 37
    Hortativ 36
    Irrealis 38
    Jussiv 36
    Optativ 35
    Potentialis 37
    Prohibitiv 37
    Überblick 39
Konnektoren 100
Konsekutivsätze. *Siehe* Adverbialsätze
konsonantische Konjugation. *Siehe* Konjugationsklassen
konsonantische Konjugation (i-Erweiterung). *Siehe* Konjugationsklassen
Konzessivsätze. *Siehe* Adverbialsätze
Kopfverben 134
Korrelativa 120
    beim Komparativ 121
    beim Positiv 120
kurzvokalische i-Konjugation. *Siehe* Konjugationsklassen

L
laudi esse 84
Lautgesetze 11
Lautmalerei (Stilmittel). *Siehe* Onomatopoiie
Lehnwörter 9
licet 32
licet (Subjunktion) 116
Litotes (Stilmittel) 151
locus 93
Lokativ. *Siehe* Ablativ des Ortes
longe (beim Superlativ) 60

M
malle 28
manus 52
mare 51
Maskulinum (Genus) 45
Maße 160, 163
meminisse 32, 87
meridies 53
Metapher (Stilmittel) 152
Metonymie (Stilmittel) 152
Metrik
    Aphairese 157
    Auslaut 156
    Elision 157
    Muta cum liquida 156
    Naturlänge 156
    Positionslänge 156
    Syllaba anceps 158
    Vermeidung des Hiats 157

Versus spondíacus 158
vocalis ante vocalem corripitur 156
mille 160
Minuskeln 9
Modalsätze. *Siehe* Adverbialsätze
Modusassimilation 103
Modusattraktion. *Siehe* Modusassimilation
Moduszeichen 20
Monate 162
Multiplicativa. *Siehe* Vervielfältigungszahlen
Münzen 163
Muta cum liquida (Metrik) 156

N
Naturlänge (Metrik) 10, 156
natürliches Geschlecht
    a-Deklination 47
    o-Deklination 48
-ne (Fragepartikel) 76
ne (Subjunktion)
    final 118
    in Begehrsätzen 111
    nach Ausdrücken des Fürchtens und Hinderns 110
Nebensätze 102
    abhängige Fragesätze. *Siehe* abhängige Fragesätze
    Adverbialsätze: *Siehe* Adverbialsätze
    Objektsätze: *Siehe* abhängige Aussagesätze
    Relativsätze. *Siehe* Relativsätze
    Subjektsätze. *Siehe* abhängige Aussagesätze
Nebensinn. *Siehe* Relativsätze
Nebentempora. *Siehe* Tempora
Negation
    im indikativischen Hauptsatz 33
    im konjunktivischen Hauptsatz 35, 37, 38
    von Befehlen 29, 37, 39
    im Finalsatz 119, 122
    im Konsekutivsatz 118, 122
    in Objektsätzen nach Verben des Hinderns und Fürchtens 110
    nach Verben des Zweifelns und Zögerns 112
nemo, nihil 70
nequire 28
néuter, néutra, néutrum 71
Neutrum (Genus) 45
nisi (Subjunktion) 117
nolle 28
Nomina 45
Nominalformen
    Gerundium 41
    Gerundivum 41
    Partizip 41
    Supina 41
    Überblick 41
Nominativ 77
    doppelter Nominativ 80, 137
    prädikative Ergänzung 79
    Prädikativum beim Vollverb 77
    Prädikatsnomen bei esse 78
    Subjekt 77
Nominativ mit Infinitiv (NcI) 137
nonne (Fragepartikel) 76
novisse 32
nubere 82
nullus, nulla, nullum 70
num (Fragepartikel) 76
Numeralia 160
Numerus 45

O
ob (Präposition mit Akkusativ) 95
Objekt 75
Objektsätze
    als Begehrsätze 111
    nach Ausdrücken des Fürchtens und Hinderns 110
obliquer Konjunktiv 111, 144
oblivisci 87
o-Deklination
    Adjektive 54
    Besonderheiten 48
    Substantive 48
    Vokativ 49
odisse 32

Onomatopoesie (Stilmittel). *Siehe* Onomatopoiie
Onomatopoiie (Stilmittel) 148
oportet 32
Optativ (Konjunktiv im Hauptsatz) 35
Oratio obliqua 144
    Hauptregeln 144
    Übersetzung ins Deutsche 144
Ordinalia. *Siehe* Ordnungszahlen
Ordnungszahlen 160
Oxymoron (Stilmittel) 152

P
paene 33
Paenultima-Regel (Betonung) 10
Parallelismus (Stilmittel) 150
Parataxe (Beiordnung). *Siehe* Satzverknüpfungen
parcere 82
pars pro toto (Stilmittel). *Siehe* Synekdoche
particeps 56
Participium coniunctum. *Siehe* verbundenes Partizip
Partizip Futur Aktiv (PFA). *Siehe* Partizipialstamm
    finale Sinnrichtung 127
Partizip Perfekt Passiv (PPP). *Siehe* Partizipialstamm
Partizip Präsens Aktiv (PPA). *Siehe* Partizipialstamm
    modale Sinnrichtung 127
Partizipialkonstruktionen 124
    Ablativus absolutus 129
    verbundenes Partizip 124
Partizipialstamm 15, 18
Partizipien
    Bildung 18
pati 137
pauper 56
Pentameter (Versmaß) 158
per (Präposition mit Akkusativ) 95
Perfekt 43
    Bildung 20
    effektiver Gebrauch 43
    gnomischer Gebrauch 44

    komplexiver Gebrauch 43
    Perfektopräsentien 32, 44
    resultativer Gebrauch 43
    Übersetzung ins Deutsche 43
Perfekt ohne Stammveränderung. *Siehe* Perfektbildung
Perfektbildung 17
    Dehnungsperfekt 17
    Perfekt ohne Stammveränderung 17
    Reduplikationsperfekt 17
    s-Perfekt 17
    u-Perfekt 17
    v-Perfekt 17
Perfektopräsentien. *Siehe* unvollständige Verben
Perfektstamm 15, 17
    Formen 20
    Tempusbildung 21
perinde ac si (Subjunktion) 121
Personalendungen
    Deponentien 19
    Perfektstamm aktiv 20
    Perfektstamm passiv 21
    Präsensstamm aktiv 18
    Präsensstamm passiv 19
Personalpronomina 61
    nicht-reflexiver Gebrauch 62
    reflexiver Gebrauch 62
Personifikation 152
persuadere 82
Phalaeceus (Versmaß). *Siehe* Hendekasyllabus
placere 32
Plusquamperfekt 20
    Gebrauch 44
Polyptoton (Stilmittel) 149
Polysyndeton (Stilmittel) 150
Positionslänge 156
Positiv 57
posse 25
Possessivpronomina 63
    Substantivierung 63
    Verwendung 63
    nicht-reflexiver Gebrauch 63
    reflexiver Gebrauch 63
post (Präposition mit Akkusativ) 95

Postpositionen 96
postquam 113
Potentialis (Konjunktiv im Hauptsatz) 37
    der Gegenwart 37
    der Vergangenheit 38
potiri 91
Prädikat 74
prädikative Ergänzung 79
prädikatives Gerundiv 84, 140
    bei intransitiven Verben 141
    bei transitiven Verben 140
    Dativ des Urhebers 84, 141
Prädikativum 77
Prädikatsnomen 75
prae (Präposition mit Ablativ) 95
praeesse 82
praesertim cum (Subjunktion) 115
praestare 83
praeter (Präposition mit Akkusativ) 95
Präfix. *Siehe* Kompositabildung
Präpositionalausdrücke 95
Präpositionen 95
    mit Akkusativ 95
    mit Ablativ 95
Präsens 42
    Bildung 18
    Gebrauch 42
    historisches Präsens 42
Präsensstamm 15
princeps 56
priusquam (Subjunktion) 113
    final 113
    temporal 113
pro (Präposition mit Ablativ) 95
Prohibitiv (Konjunktiv im Hauptsatz) 37
proinde ac si (Subjunktion) 121
Pronomina 61
    Demonstrativpronomina 64
    Indefinitpronomina 69
    Interrogativpronomina 67
    Personalpronomina 61
    Possessivpronomina 63
    Reflexivpronomina 62, 63
    Relativpronomina 68
    Übersicht 61

Pronominaladjektive 71
propter (Präposition mit Akkusativ) 95
providere 83
PSO-Regel 74

Q
quam (Partikel)
    bei Vergleichen 59, 90, 120
    beim Superlativ 60
quam ut (Subjunktion) 118, 121
quamdiu (Subjunktion) 113
quamquam (Subjunktion) 116
quamvis (Subjunktion) 116
Quantität 10
quantitierende Dichtung 156
quanto ... tanto ... 121
quasi (Subjunktion) 121
qui (in Vergleichen) 120
qui, quae, quod (Relativpronomen) 68
quia (Subjunktion) 115
quicumque 68, 104
quidam 69
quin (Subjunktion) 112
    nach Negation 118
quippe cum (Subjunktion) 115
quire 28
quis, quid 67
quisquam 69
quisque 70
    unusquisque 70
quisquis, quidquid 68
quo (Subjunktion)
    final 118
quo ... eo ... 121
quo ... hoc ... 121
quoad (Subjunktion) 113
quod (Subjunktion)
    faktisches quod 109
    kausal 115
quod nisi (Subjunktion) 117
quod si (Subjunktion) 117
quoniam (Subjunktion) 115
quotiens (Subjunktion) 113

R
Realis 33
Reduplikationsperfekt. *Siehe* Perfektbildung
refert 88
Reflexivpronomina. *Siehe* Pronomina
Relativpronomina 68
  einfach 68
  verallgemeinernd 68
  Funktion 103
Relativsätze 103
  Attribut 103
  explikativer Nebensinn 105
  finaler Nebensinn 106
  im Konjunktiv 105
  kausaler Nebensinn 105
  Kongruenz 104
  konsekutiver Nebensinn 105
  relativer Satzanschluss 106
  Verschränkung 106
reminisci 87
reum facere 88
reverti (Semideponens) 23
rhetorische Frage
  Partikeln 76
  Stilmittel 153
Rhotazismus (Lautgesetz) 11
Richtungsangaben 81
romanische Sprachen 8
ruri 93
rus 81

S
Satzaussage. *Siehe* Prädikat
Satzmodell 12, 146
Satzverknüpfungen 100
  Satzgefüge, Periode, Hypotaxe 100
  Satzreihe, Beiordnung, Parataxe 100
Schriftzeichen 9
Schwund von Konsonanten (Lautgesetz) 11
se, sibi 62
secundum (Präposition mit Akkusativ) 95
Semideponentien 22
sestertius (römische Münze) 163
si (Subjunktion) 117
simul (Subjunktion) 113
simulac (Subjunktion) 113
simulatque (Subjunktion) 113
sin autem (Subjunktion) 117
sine (Präposition mit Ablativ) 95
sinere 137
Sinnrichtungen des Partizips 127
  final 127
  kausal 127
  konzessiv 127
  modal 127
  temporal 127
siquidem (Subjunktion) 117
si non 117
solere (Semideponens) 23
s-Perfekt. *Siehe* Perfektbildung
Spondeus (Versfuß) 158
Stammformen 16
Stilmittel 148
studere 82
sub (Präposition mit Akkusativ oder Ablativ) 96
Subjektsätze. *Siehe* abhängige Aussagesätze
Substantive 45
Substantivierung von Adjektiven 57
Substantivierung des Infinitivs. *Siehe* Gerundium
Superlativ 58
  Deklination 54
  Elativ 60
  Verwendung 59
  Zusätze 60
Supina 41
  Supinum I 41
  Supinum II 41
suus, sua, suum 63
Syllaba anceps (Metrik) 158
Synekdoche (Stilmittel) 152

T
Tageszeit 162
talis ... qualis 120
tam ... quam 120
tametsi (Subjunktion) 116
tamquam (si) (Subjunktion) 121
tantum ... quantum 120
tantus ... quantus 120
Tempora 42
    Futur I 42
    Futur II 43
    Imperfekt 44
    Perfekt 43
    Plusquamperfekt 44
    Präsens 42
Temporalsätze. *Siehe* Adverbialsätze
Tempusstämme 15
Tempuszeichen 15, 20
tot ... quot 120
totus 93
trans (Präposition mit Akkusativ) 95
transitive Verben 79
    beim prädikativen Gerundiv 140
Trikolon (Stilmittel) 150
turris 51

U
Übersetzungsmöglichkeiten des verbundenen Partizips
    Adverbialsatz 128
    Beiordnung 128
    Präpositionalausdruck 128
ubi (primum) (Subjunktion) 113
u-Deklination
    Besonderheiten 52
    Substantive 52
ullus, ulla, ullum 69
unpersönliche Verben 32
Unterscheidung von Verbformen 14
    Genus verbi 14
    Modus 14
    Numerus 14
    Person 14
    Tempus 14
unvollständige Verben 31

u-Perfekt. *Siehe* Perfektbildung
usui esse 84
ut (primum) (Subjunktion) 113
ut (Subjunktion)
    final 118
    in Begehrsätzen 111
    konsekutiv 118
    konzessives *ut* 116
    quam ut 121
    Übersicht 122
ut ... ita ... 121
ut ... sic ... 121
ut eo (Subjunktion) 118
ut si (Subjunktion) 121
uter? utra? utrum? 71
utérque, utráque, utrúmque 71
uti 91
utinam 35
utrum ... an 76

V
vel (beim Superlativ) 60
velim 35
velle 28
vellem 35
velut si (Subjunktion) 121
vendere 28
ven-ire (Passiv) 28
verallgemeinernde Relativpronomina 104
Verba defectiva. *Siehe* unvollständige Verben
Verbaladjektiv. *Siehe* Gerundiv
Verbalformen. *Siehe* Personalendungen
Verben 14
    intransitiv 82
    transitiv 79
    der Wahrnehmung 134
    des Befehlens 137
    des Fürchtens 110
    des Hinderns 110
    des Hoffens 137
    des Meinens 134
    des Sagens 134
    des Verbietens 137
    des Versprechens 137

des Wissen 134
des Zweifelns und Zögerns 112
verbundenes Partizip 124
   Accusativus cum Participio 126
   adverbiale Verwendung 127
   attributive Verwendung 125
   Coniugatio periphrastica activa 126
   geschlossene Wortstellung 124
   prädikatives Partizip in Verbindung mit *esse* 126
   prädikative Verwendung 126
   Übersetzungsmöglichkeiten 127
   Verschränkung mit Relativsatz 108
Vergleich (Stilmittel) 153
Vergleich. *Siehe* Komparation von Adjektiven
Vergleichssätze. *Siehe* Komparativsätze
Verneinung. *Siehe* Negation
Verschränkung. *Siehe* Relativsätze
Versfüße 157
   Daktylus 157
   Spondeus 158
Versmaße 157
   elegisches Distichon 158
   Hendekasyllabus 159
   Hexameter 157
   Pentameter 158
Versus spondíacus (Metrik) 158
Verteilungszahlen 160

Vervielfältigungszahlen 160
vetare 137
vetus 56
vis 52
Vokalschwächung (Lautgesetz) 11
Vokalschwund (Lautgesetz) 11
Vokativ 78
Vornamen 163
v-Perfekt. *Siehe* Perfektbildung

W
Wahlfragen 76
Wortfragen 76
Wortstellung 75, 102
Wunschsätze. *Siehe* Optativ

Z
Zahlen 160
Zahlzeichen 160
Zeitangaben 162
   Datum 162
   Jahr 162
   Monate 162
   Tageszeit 162
Zeitverhältnis beim Infinitiv 41, 136
Zeitverhältnis beim Partizip 41, 124
   Besonderheiten 128
Zeitenfolge. *Siehe* Consecutio temporum
Zeugma (Stilmittel) 153

Substantive

	a-Deklination f.	
	Singular	Plural
Nom.	besti-a	besti-ae
Gen.	besti-ae	besti-ārum
Dat.	besti-ae	besti-īs
Akk.	besti-am	besti-ās
Abl.	besti-ā	besti-īs

	o-Deklination m.	
	Singular	Plural
Nom.	amīc-us	amīc-ī
Gen.	amīc-ī	amīc-ōrum
Dat.	amīc-ō	amīc-īs
Akk.	amīc-um	amīc-ōs
Abl.	(cum) amīc-ō	(cum) amīc-īs

	o-Deklination n.	
	Singular	Plural
Nom.	mōnstr-um	mōnstr-a
Gen.	mōnstr-ī	mōnstr-ōrum
Dat.	mōnstr-ō	mōnstr-īs
Akk.	mōnstr-um	mōnstr-a
Abl.	mōnstr-ō	mōnstr-īs

	3. Deklination m.	
	Singular	Plural
Nom.	labor	labōr-ēs
Gen.	labōr-is	labōr-um
Dat.	labōr-ī	labōr-ibus
Akk.	labōr-em	labōr-ēs
Abl.	labōr-e	labōr-ibus

	3. Deklination f.	
	Singular	Plural
Nom.	regiō	regiōn-ēs
Gen.	regiōn-is	regiōn-um
Dat.	regiōn-ī	regiōn-ibus
Akk.	regiōn-em	regiōn-ēs
Abl.	regiōn-e	regiōn-ibus

	3. Deklination n.	
	Singular	Plural
Nom.	corpus	corpor-a
Gen.	corpor-is	corpor-um
Dat.	corpor-ī	corpor-ibus
Akk.	corpus	corpor-a
Abl.	corpor-e	corpor-ibus

	i-Deklination f.	
	Singular	Plural
Nom.	turr-is	turr-ēs
Gen.	turr-is	turr-ium
Dat.	turr-ī	turr-ibus
Akk.	turr-im	turr-īs (-ēs)
Abl.	turr-ī	turr-ibus

	u-Deklination m.	
	Singular	Plural
Nom.	cās-us	cās-ūs
Gen.	cās-ūs	cās-uum
Dat.	cās-uī	cās-ibus
Akk.	cās-um	cās-ūs
Abl.	cās-ū	cās-ibus

	e-Deklination f.	
	Singular	Plural
Nom.	r-ēs	r-ēs
Gen.	r-eī	r-ērum
Dat.	r-eī	r-ēbus
Akk.	r-em	r-ēs
Abl.	r-ē	r-ēbus

Pronomina

		is, ea, id			qui, quae, quod		
		m.	f.	n.	m.	f.	n.
Nom.	Singular	is	ea	id	quī	quae	quod
Gen.		eius	eius	eius	cuius	cuius	cuius
Dat.		ei	ei	ei	cui	cui	cui
Akk.		eum	eam	id	quem	quam	quod
Abl.		eō	eā	eō	quō	quā	quō
Nom.	Plural	iī (eī)	eae	ea	quī	quae	quae
Gen.		eōrum	eārum	eōrum	quōrum	quārum	quōrum
Dat.		iīs (eīs, īs)	iīs (eīs, īs)	iīs (eīs, īs)	quibus	quibus	quibus
Akk.		eōs	eās	ea	quōs	quās	quae
Abl.		iīs (eīs, īs)	iīs (eīs, īs)	iīs (eīs, īs)	quibus	quibus	quibus

Personalformen des Perfektstamms im Aktiv / Personalformen des Partizipialstamms im Passiv

Perfektstamm		superāv-	monu-	mīs-	cēp-	audīv-	superātu-	monitu-	missu-	captu-	audītu-
Inf. Perfekt		superāv-isse	monu-isse	mīs-isse	cēp-isse	audīv-isse	superā-tum esse	moni-tum esse	mis-sum esse	cap-tum esse	audī-tum esse
Ind. Perfekt Sg.	1.	superāv-ī	monu-ī	mīs-ī	cēp-ī	audīv-ī	superā-tus sum	moni-tus sum	mis-sus sum	cap-tus sum	audī-tus sum
	2.	superāv-istī	monu-istī	mīs-istī	cēp-istī	audīv-istī	superā-tus es	…	…	…	…
	3.	superāv-it	monu-it	mīs-it	cēp-it	audīv-it	superā-tus est	…	…	…	…
Ind. Perfekt Pl.	1.	superāv-imus	monu-imus	mīs-imus	cēp-imus	audīv-imus	superā-tī sumus	moni-tī sumus	mis-sī sumus	cap-tī sumus	audī-tī sumus
	2.	superāv-istis	monu-istis	mīs-istis	cēp-istis	audīv-istis	superā-tī estis	…	…	…	…
	3.	superāv-ērunt	monu-ērunt	mīs-ērunt	cēp-ērunt	audīv-ērunt	superā-tī sunt	…	…	…	…
Konj. Perfekt Sg.	1.	superāv-erim	monu-erim	mīs-erim	cēp-erim	audīv-erim	superā-tus sim	moni-tus sim	mis-sus sim	cap-tus sim	audī-tus sim
	2.	superāv-eris	monu-eris	mīs-eris	cēp-eris	audīv-eris	superā-tus sīs	…	…	…	…
	3.	superāv-erit	monu-erit	mīs-erit	cēp-erit	audīv-erit	superā-tus sit	…	…	…	…
Konj. Perfekt Pl.	1.	superāv-erimus	monu-erimus	mīs-erimus	cēp-erimus	audīv-erimus	superā-tī sīmus	moni-tī sīmus	mis-sī sīmus	cap-tī sīmus	audī-tī sīmus
	2.	superāv-eritis	monu-eritis	mīs-eritis	cēp-eritis	audīv-eritis	superā-tī sītis	…	…	…	…
	3.	superāv-erint	monu-erint	mīs-erint	cēp-erint	audīv-erint	superā-tī sint	…	…	…	…
Ind. Plqpf. Sg.	1.	superāv-eram	monu-eram	mīs-eram	cēp-eram	audīv-eram	superā-tus eram	moni-tus eram	mis-sus eram	cap-tus eram	audī-tus eram
	2.	superāv-erās	monu-erās	mīs-erās	cēp-erās	audīv-erās	superā-tus erās	…	…	…	…
	3.	superāv-erat	monu-erat	mīs-erat	cēp-erat	audīv-erat	superā-tus erat	…	…	…	…
Ind. Plqpf. Pl.	1.	superāv-erāmus	monu-erāmus	mīs-erāmus	cēp-erāmus	audīv-erāmus	superā-tī erāmus	moni-tī erāmus	mis-sī erāmus	cap-tī erāmus	audī-tī erāmus
	2.	superāv-erātis	monu-erātis	mīs-erātis	cēp-erātis	audīv-erātis	superā-tī erātis	…	…	…	…
	3.	superāv-erant	monu-erant	mīs-erant	cēp-erant	audīv-erant	superā-tī erant	…	…	…	…
Konj. Plqpf. Sg.	1.	superāv-issem	monu-issem	mīs-issem	cēp-issem	audīv-issem	superā-tus essem	moni-tus essem	mis-sus essem	cap-tus essem	audī-tus essem
	2.	superāv-issēs	monu-issēs	mīs-issēs	cēp-issēs	audīv-issēs	superā-tus essēs	…	…	…	…
	3.	superāv-isset	monu-isset	mīs-isset	cēp-isset	audīv-isset	superā-tus esset	…	…	…	…
Konj. Plqpf. Pl.	1.	superāv-issēmus	monu-issēmus	mīs-issēmus	cēp-issēmus	audīv-issēmus	superā-tī essēmus	moni-tī essēmus	mis-sī essēmus	cap-tī essēmus	audī-tī essēmus
	2.	superāv-issētis	monu-issētis	mīs-issētis	cēp-issētis	audīv-issētis	superā-tī essētis	…	…	…	…
	3.	superāv-issent	monu-issent	mīs-issent	cēp-issent	audīv-issent	superā-tī essent	…	…	…	…
Futur II Sg.	1.	superāv-erō	monu-erō	mīs-erō	cēp-erō	audīv-erō	superā-tus erō	moni-tus erō	mis-sus erō	cap-tus erō	audī-tus erō
	2.	superāv-eris	monu-eris	mīs-eris	cēp-eris	audīv-eris	superā-tus eris	…	…	…	…
	3.	superāv-erit	monu-erit	mīs-erit	cēp-erit	audīv-erit	superā-tus erit	…	…	…	…
Futur II Pl.	1.	superāv-erimus	monu-erimus	mīs-erimus	cēp-erimus	audīv-erimus	superā-tī erimus	moni-tī erimus	mis-sī erimus	cap-tī erimus	audī-tī erimus
	2.	superāv-eritis	monu-eritis	mīs-eritis	cēp-eritis	audīv-eritis	superā-tī eritis	…	…	…	…
	3.	superāv-erint	monu-erint	mīs-erint	cēp-erint	audīv-erint	superā-tī erunt	…	…	…	…